大学生社会实践教程

主　编　许国成　祝莺莺　韩晶晶

副主编　汪小明　阮财斌　王　朋

ZHEJIANG UNIVERSITY PRESS
浙江大学出版社

图书在版编目（CIP）数据

大学生社会实践教程 / 许国成，祝莺莺，韩晶晶主编. —杭州：浙江大学出版社，2021.7
ISBN 978-7-308-21533-6

Ⅰ.①大… Ⅱ.①许… ②祝… ③韩… Ⅲ.①大学生—社会实践—高等学校—教材 Ⅳ.①G642.45

中国版本图书馆 CIP 数据核字(2021)第 123023 号

大学生社会实践教程

许国成　祝莺莺　韩晶晶　主编

责任编辑　徐　霞
责任校对　王元新
封面设计　周　灵
出版发行　浙江大学出版社
（杭州市天目山路 148 号　邮政编码 310007）
（网址：http://www.zjupress.com）
排　　版　杭州青翊图文设计有限公司
印　　刷　杭州钱江彩色印务有限公司
开　　本　787mm×1092mm　1/16
印　　张　11.75
字　　数　217 千
版 印 次　2021 年 7 月第 1 版　2021 年 7 月第 1 次印刷
书　　号　ISBN 978-7-308-21533-6
定　　价　39.00 元

浙江大学出版社市场运营中心联系方式：0571－88925591；http://zjdxcbs.tmall.com

前　言

社会实践是人类能动地改造自然和改造社会的全部活动。我国大学生社会实践从五四运动中萌芽，于1977年恢复高考以后开始蓬勃兴起，在各级党委政府和高校的高度重视下，目前已经进入了规范发展阶段。

2018年5月，习近平总书记在北京大学师生座谈会上强调："不论学习还是工作，都要面向实际、深入实践，实践出真知；都要严谨务实，一分耕耘一分收获，苦干实干。"目前，高等学校普遍重视大学生社会实践工作，但总体情况是点上的重点实践团队建设和实践活动趋于成熟，面上针对全体学生的社会实践课程建设相对较薄弱，育人效果有待提升。课程建设中存在的问题主要包括理论指导不全面、过程管理不到位、评价体系不完善和教学效果不理想等。

近几年，国内陆续出版了一些社会实践类教材，对开展大学生社会实践教学具有一定的指导意义。本书与这些教材相比，具有以下三个显著的特点。**一是指导性强。**如第四章"大学生社会实践过程管理"，分别讲解了实践策划、实践组织、实践领导、实践控制、实践总结与推广；第五章"大学生社会实践注意事项"，明确了接洽与沟通、安全与防范、社交与礼仪各个环节的注意事项，通过教师的进一步讲解，可以很好地指导学生开展社会实践活动。**二是地方性特色突出。**本书始终紧密结合浙江省情进行编写，如第六章"浙江省大学生社会实践项目指南"围绕近年来浙江省政治、经济、社会发展热点，为广大学生开展社会实践活动提供思路；第八章"大学生社会实践经典案例"以浙江理工大学学生实践项目为基础，展现了浙江省农村养老服务、创新创业、欠发达地区支教等内容。**三是可操作性强。**如第二章"大学生社会实践主要类型"中提到的生涯人物访谈，细化到访谈提纲，学生可以依此直接进行操作；第七章"社会实践课程安排”相关内容，为任课教师开展课程教学和评价提供了可操作的模板。

本书由许国成、祝莺莺和韩晶晶总负责，浙江理工大学汪小明、阮财斌、王朋、贾立壮、吴霁乐和杨冠亮等众多老师都参与了大量工作，还有来自多个学院的师生给予社会实践案例方面的支持。特别要感谢浙江理工大学党委学工部胡琦部长的悉心指导，浙江大学出版社徐霞编辑等工作人员不厌其烦的帮助，没有他们的包容与支持，本书也将难于成稿。

最后，希望本书能够为大学生社会实践工作带来一定的帮助，那将是编者最大的收获，也希望广大师生不吝赐教，提出宝贵意见，我们将不断完善之。

编者

2021 年 6 月

目　　录

第一章　大学生社会实践概述

社会实践是指人类能动地改造自然和改造社会的全部活动。社会实践有广义和狭义之分。狭义的社会实践活动，是指教学计划以外的各种实践活动，即不包括与课堂学习相结合的教学实践。广义的社会实践活动，是指相对于理论教学以外的各种实践环节，既包括与生产劳动相结合的社会实践，又包括与课堂学习相结合的教学实践。

大学生社会实践活动是广义的社会实践活动的一部分，它作为一种特殊的实践活动，具有自身鲜明的特征。它是指高等学校根据其培养目标的需要，积极地引导大学生接触社会、了解社会、服务社会，并使大学生从中接受教育、培养综合素质的一系列活动的总称。它以学生为主体，以学校为依托，以社会为舞台。

第一节　大学生社会实践的历史沿革

社会实践是一个发展的概念，教育与社会实践相结合是教育与生产劳动相结合的必然选择。大学生社会实践的存在有其客观必然性，它是社会实践的特殊形式，其产生和发展有着坚实的历史基础，在大学生成长成才过程中占有重要地位。

一、社会实践活动在中国的历史

在中国的传统文化中，中国式的知行观在思想境界或实用价值上都有其卓越之处。孔子素有“生而知之”和“学而知之”的知行观。在当时，社会处于频繁战乱之中，某一个社会个体的生存价值绝大部分是由其蒙昧的实践观、原始的实践能力所决定的。身强体壮的勇士是那个时代当之无愧的英雄。

在孔子之后，开创了一个社会个体追求知行观的漫长的历史时期。无论是“格物致知”“学而知之”，还是当时的“君子观”，都是扬弃蒙昧的实践观，试图将知性与行为相统一的理论形态。古代中国的大思想家们往往偏向于认知同行为的协调，即所谓“知行合一”，但这种协调与合一并不是落脚在知性之上，而是在行为的社会实用性或经世致用上。

宋明以来，以个人为主体，主要围绕着知行的先后、分合、轻重、难易展开讨论，这可以看作中国古代知行观的范式。宋代朱熹的知行观强调知难行易、知先行后，与传统知行观形成鲜明对比。明代王守仁首先在理论上反对传统知行观对知行分先后轻重，而提出了知行合一的理论。明末清初思想家王夫之则穷尽了这一范式的发展余地，成为中国古代知行观的集大成者。

到了中国近代，资产阶级革命的伟大先行者孙中山更是提升了知行观的意义，不仅超越了古代认识论水平，而且在一定程度上提升了对旧唯物主义缺陷的认知，比较接近辩证唯物主义认知论的观点。他认为人类的知与行是随着社会的发展而发展的，大体经历了三个时期，即从“不知而行”到“行而后知”再到“知而后行”，知是从行中来的，能实行便能知，能知便能进步。在知行关系上，他提出了“知难行易”，是唯物主义的知行观。从总体上看，孙中山先生的知行观中这种“知行统一”的认识论传统与马克思主义认识论关于认识过程中主观与客观的统一、认识与实践的统一、感性与理性的统一等基本思想是一致的。

二、大学生社会实践的发轫与发展

(一)萌芽阶段(1919—1976年)

五四运动时期，面对国家和民族生死存亡，青年学生在中国大地上开展了声势浩大的反帝反封建的伟大斗争，把自己的成长与民族的危亡紧密联系在一起，在斗争中实践，在斗争中成长。1933 年 11 月 7 日，为了培养军事政治干部，红军大学在瑞金成立，并确立了“理论与实践并重，前方与后方结合”的教育方针。1939 年 5 月，毛泽东指出：“知识分子如果不和工农民众相结合，则将一事无成。革命的或不革命的或反革命的知识分子的最后的分界，看其是否愿意并且实行和工农民众相结合……真正的革命者必定是愿意并且实行和工农民众相结合的。”①后来在为抗日军政大学题词时他再一次强调这一点。毛泽东的这一指示，成为抗日军政大学教育改造青年大学生的重要指针。从 1939 年到抗战胜利，抗日军政大学总校每年都要组织学生参加生产，把生产劳动列入教学计划之中，使教育与生产劳动结合起来。

中华人民共和国成立后，党和政府也十分重视在高校开展社会实践活动。中华人民共和国成立初期，高等学校组织大学生参加了土地改革、抗美援朝、“三反”、“五反”等政治运动，广大青年学子受到了很好的教育。1958 年 9 月，中共中央、国务院《关于教育工作的指示》中明确地把毛泽东同志提出的“教育必须为无产阶级政治服务，必须同生产劳动相结合”，培养“有社会主义觉悟有文化的劳动者”规定为党的教育方针和我国的教育目的。广大热血青年积极响应党中央的号召投身工厂、农村，参加社会主义建设，到最艰苦的地方去，到祖国最需要的地方去，一代代青年学生成长为社会主义伟大事业的建设者和接班人。

（二）逐步兴起阶段（1977—1982 年）

1977 年恢复高考以后的几年里，高校组织学生开展社会实践活动开始蓬勃兴起。1980 年，清华大学学生提出“振兴中华，从我做起，从现在做起”的口号，在全国大学生中引起强烈的反响。许多高校因势利导，从开展“学雷锋做好事月”“五讲四美三热爱”等活动入手，引导学生把思想付诸实践。为了贯彻落实《关于建国以来党的若干历史问题的决议》，许多高校的团委、学生会组织了参观展览会、革命遗址等实践活动。随后，青年学生又将这一实践活动扩展到社会，由大学生组成的业余服务队和学雷锋小组走上社会，轰轰烈烈地开展了“学雷锋、送温暖”等社会服务活动，拉开了新时期大学生社会实践活动的序幕。1982 年 2 月，北京大学等高校和国家农委利用寒假机会，组织 157 名家在农村的大学生，对本地农村自实行承包责任制以来的各方

① 《毛泽东选集》第 2 卷，人民出版社 1991 年第 2 版，第 559-560 页。

面情况进行调查研究，取得了重要成果，这就是有名的“百村调查”。

（三）推广阶段（1983—1986 年）

这一时期，党中央关于经济体制、教育体制和科技体制改革的决定相继出台，尤其是党的十二届三中全会将我国经济体制改革的重点从农村转入城市，大大加快了改革的步伐。改革的美好前景使大学生更广泛地走向社会、参与改革的意识空前强烈，高校开始了以有组织、大规模开展服务社会为主要形式的社会实践活动。大学生社会实践活动的开展，很快引起了共青团中央的重视。1984 年 5 月，共青团中央在辽宁省召开了高等学校社会实践现场观摩会，明确提出了“受教育、长才干、作贡献”宗旨，进一步倡导和推动全国社会实践活动。中共中央宣传部、国家教育委员会对大学生社会实践活动给予了充分的肯定和具体的指导，各地的党政部门也给予了积极的支持和有效的帮助。在这个过程中，大学生利用节假日参加的一些以有偿劳动为特征的勤工助学活动也开始兴起。在各级党组织的支持下，一些地方开始建立大学生社会实践基地，在寒暑假出现了集中开展社会实践活动的势头，先后以“社会实践周”“社会实践建设营”等形式开展有组织、大规模的社会实践活动，深入基层参与经济建设，进行技术协作、技术培训、社会调查和义务劳动等社会实践，取得了良好效果。社会实践活动由自发发展到有组织地进行，由在局部高校开展发展到向更大的范围推广。

（四）全面开展阶段（1987—1991 年）

社会实践活动受到了各级党政领导和社会各方面的重视。1987 年 5 月，《中共中央关于改进和加强高等学校思想政治工作的决定》强调：“青年学生只有在学习科学文化知识的同时积极参加社会实践，更多地了解国情，了解社会主义建设和改革的实际，了解人民群众的思想感情，才能树立起为社会主义祖国而献身的信念，逐步锻炼成为有用人才。”1987 年 6 月，国家教育委员会、共青团中央联合下发了《关于广泛组织高等学校学生参加社会实践活动的意见》，对高校学生参加社会实践活动提出了明确要求，社会实践活动作为重要的教育实践环节被纳入教育计划，开始成为有中国特色社会主义高等教育的重要组成部分。1987 年 8 月，共青团中央正式将大学生社会实践确定为改进和加强高校团的思想政治工作的重要内容和方法之一，为高校开展大学生社会实践活动提供理论和实践方面的指导。

在这一阶段，大学生在共青团组织的组织下，规模空前地开展社会调查、考察访问、挂职锻炼、科技咨询、人才培训、技术服务等丰富多彩的社会实践活动，不仅规模进一步扩大，而且逐步形成了一些制度和规范。据统计，仅 1990 年暑期参加社会实践活动的学生在 100 万人以上，有 20 多个省、自治区、直辖市成立了由领导牵头、有关部门参加的社会实践领导小组，着手把大学生社会实践纳入地方党委、政府的工作日程，使之开始成为一项由学校和地方共同组织实施的社会教育工程。

（五）深化发展阶段（1992—2004 年）

1992 年邓小平南方谈话之后，1993 年 10 月党的十四大做出了建立社会主义市场经济体制的决定，全国各地掀起了改革浪潮，拉开了自 1978 年以来的第二次改革高潮的序幕。在这种新体制初建和经济大发展的推动下，怎么深化高校社会实践教育，需要积极思考对策，寻找新的突破口。共青团中央提出“社会实践教育与教育的改革和发展相一致”“与地方经济发展相一致”“与学生自身成长的渴求相一致”的思路。高校纷纷转换实践机制，深化实践内容，与时俱进地开展社会实践活动，其中最具代表性的是科技与文化服务活动。与此同时，大学生在校内的社会实践也集中转向培养综合素质、打造校园文化、强练内功的自我提高阶段。1996 年 12 月，共青团中央、中共中央宣传部、国家教育委员会下发《关于深入持久开展大学生社会实践活动的几点意见》，强调应进一步推动这项活动深入发展，加强这项活动的制度化、规范化建设，充分发挥其在新的形势下对青年学生成长的重要作用。1997 年党的十五大高举邓小平理论伟大旗帜，1998 年江泽民同志提出“四个统一”希望，教育部下发了深入开展素质教育的文件，2000 年江泽民同志提出“三个代表”重要思想，2002 年党的十六大确立全面建设小康社会的目标，这些大事进一步推动了大学生社会实践深入发展。

这个阶段的前期（1992—1996 年），志愿服务活动与社会实践活动相结合，强调大学生在社会实践中“受教育、长才干、作贡献”；后期（1997—2004 年），“三下乡”与社会实践相结合，组织博士服务团，强调大学生在社会实践中“受教育、长才干、作贡献”，突出“作贡献”。其中，1999 年在大学生社会实践发展历程中是具有承上启下意义的一年。这一年发生的许多大事，对提高大学生社会实践的总体水平，促进这项活动和市场紧密结合，具有重要的意义——这一年，中共中央、国务院召开了第三次全国教育工作会议，深化教育体制改革，全面推进素质教育；国家加快创新体系建设；全国技术创新大会召开。在这样的背景下，大学生课外学术科技活动类型不断丰富，不仅陆续推出了“挑战杯”系列竞赛活动——传统“挑战杯”课外学术科技竞赛、“挑战杯”创业计划竞赛和“挑战杯”展望新世纪主题设计竞赛活动，还举办了电脑设计竞赛等相应的学术科技活动。大学生社会实践活动从此开创了新局面。各地、各高校社会实践活动也富有创造性地蓬勃开展，不仅是学生运用已掌握的知识进行的实践活动，更是以市场经济为背景的创业准备和推动科学技术向现实生产力转化的尝试。社会实践的意义，也不再局限于传统的活动范围和单一的形式，从某种意义上讲，社会实践活动是高等院校与现实社会、大学生与企业之间的互动与沟通。社会实践活动也因此逐步呈现出项目化、长期化趋势，形成了一批学生欢迎、双向受益的优秀社会实践项目，引导大学生立足服务地区需求，切实服务地方经济社会发展。2004 年，中共中央、国务院发出《关于进一步加强和改进大学生思想政治教育的意见》，强调社会实践是大学生思想政治教育的重要环节，要建立大学生社会实践保障体系，探索实践育人的长效机制。

（六）规范发展阶段（2005 年至今）

随着社会主义市场经济体制的逐步建立和完善，中共中央提出以人为本、全面协调、可持续的科学发展观和构建社会主义和谐社会的重大战略思想。2005 年 2 月，中宣部、中央文明办、教育部、共青团中央发出《关于进一步加强和改进大学生社会实践的意见》。2012 年 1 月，教育部等七部委联合下发《关于进一步加强高校实践育人工作的若干意见》，指出“系统开展社会实践活动”。2013 年，中共中央办公厅下发《关于培养和践行社会主义核心价值观的意见》，强调“注重发挥社会实践的养成作用”。2014 年 10 月，教育部、共青团中央下发《关于在各级各类学校推动培育和践行社会主义核心价值观长效机制建设的意见》，指出“推动社会主义核心价值观融入社会实践”。2017 年 12 月，中共教育部党组下发《高校思想政治工作质量提升工程实施纲要》，指出要扎实推动实践育人，坚持理论教育与实践养成相结合，整合各类实践资源，强化项目管理，丰富实践内容，创新实践形式，拓展实践平台，完善支持机制。

这个阶段大学生社会实践活动紧扣时代发展脉搏，先后开展了以“永远跟党走”“服务和谐社会建设，提高思想政治素质”“科学发展促和谐，服务农村作贡献”“勇担强国使命，共建和谐家园”“共建家园迎奥运，改革开放伴成长”等主题鲜明的社会实践活动，引导大学生宣传实践党的十八大、十九大精神，开展“中国梦”宣传学习实践，服务新农村建设，投身精准扶贫，积极践行社会主义核心价值观，积极探索实践育人的长效机制。把社会实践纳入学校教育教学总体规划和教学大纲，规定学时、学分，提供必要经费，确保每一个大学生都能参加社会实践，探索和建立社会实践与专业学习相结合、与服务社会相结合、与勤工助学相结合、与择业就业相结合、与创新创业相结合的管理体制，重视社会实践基地建设，不断丰富社会实践的内容和形式，提高社会实践的质量和效果，极大地推动了大学生社会实践活动的规范化发展。

第二节　大学生社会实践的基本内涵

社会实践是一种主观见之于客观的活动，是人类能动地改造自然和社会的全部活动。随着国际化、世界化进程的加快，对大学生的评价标准也越来越趋向综合性、实践性与创新性。大学生面临着严峻的生存压力，如何在这种压力下保持优势，如何让自己适应社会、服务社会，已经成为现代大学教育不得不探讨的问题之一。

社会实践古今中外均而有之。我国古代思想家、教育家孔子在其言论中强调“践仁体道”的思想，提出“始吾于人也，听其言而信其行；今吾于人也，听其言而观其行”。朱熹也提出过“知行常相须”的思想。西方教育史上也同样存在着社会实践的思想，如法国启蒙思想家卢梭提出过“以行求知，体验中学”的观念。自 1983 年团中央、全国学联发动大学生社会实践活动以来，大学生社会实践活动逐渐成为高校教育的重要组成部分。教学环境的改革与变化使得社会实践的重要性在高等教育教学中日益凸显，2004 年中共中央、国务院发布的《关于进一步加强和改进大学生思想政治教育的意见》明确指出：“社会实践是大学生思想政治教育的重要环节，对于促进大学生了解社会、了解国情，增长才干、奉献社会，锻炼毅力、培养品格，增强社会责任感具有不可替代的作用。”

一、大学生社会实践的内涵分析

在理论研究中，对于社会实践含义的具体界定有很多种："大学生社会实践是新时期中国大学生主动适应社会主义市场经济，走出校园，接触社会，实现自我，自觉投身中国特色社会主义建设的一项重要活动。"马奇柯对大学生社会实践进行了比较细化的定义，认为"大学生社会实践是一种以实践的方式实现高等学校教育目标的教育形式，是高校学生有目的、有计划地深入现实社会，参与具体的生产劳动和社会生活，了解社会、观察社会、分析社会、服务社会，不断培养大学生思想道德素质、科学文化素质和身心素质，不断培养创新精神和实践能力的活动过程"。

综合对社会实践的各种研究以及在大学生之间的广泛调研，潘玫杏等对大学生社会实践赋予了一个更新的定义：大学生社会实践是大学生离开课堂理论教学之外的服务于知识价值应用、服务于学生成长成才、服务于社会财富创造的所有实践活动。其中包括四个方面的内涵。

(一)是一种实践活动

从哲学角度分析，大学生社会实践是一种实践活动，遵循辩证唯物主义认识论的基本规律。人的认识的发生、发展、检验和归宿，都离不开社会实践，这是指导大学生社会实践的重要哲学基础。大学生的知识学习只有运用到实践活动中，经过实践的检验、转化与拓展，才能不断得到丰富与完善。

(二)是一种知识价值的应用

从教育学角度分析，大学生社会实践是对大学生的一种教育活动，虽然离开了课堂，没有了书本文字的限制，但依然需要课堂知识的指导与转化，需要专业教师的参与才能发挥其最优价值。

(三)是一种自我价值肯定

从心理学角度分析，大学生社会实践是大学生发展自我效能感的重要舞台。高校学生把所学到的文化知识和思想运用到各种实践活动中，他们得到肯定与表扬，更正过失与错误，得到自我价值的肯定，从而提升自己的信心与魄力，实现自我设计、自我锻炼、自我提高、自我完善。

(四)是一种创造社会财富的过程

从社会学角度分析，大学生通过社会实践的形式与社会发生关系，通过岗位体验、专业调研、志愿服务等形式，宣传积极思想，介绍专业技能，发展社会文明，提升社会活动，这是一种重要的社会价值创造过程。

二、大学生社会实践的特征

(一)是一种社会性的活动

社会性是生物作为集体活动的个体，或作为社会的一员而活动时所表现出的有利于集体和社会发展的特性。大学生社会实践的主体是人，不能脱离社会而孤立存在。同时，社会实践又是联结学生和社会的桥梁，实践的对象就是社会现象或热点问题，同样不能脱离社会。

(二)具有鲜明的时代性

大学生社会实践是在中国发展与变革的大时代背景下提出的，是以习近平新时代中国特色社会主义思想为指导的。社会实践主题的确定、形式的开展、内容的总结总是根据国情、省情，围绕着一定时期的大政方针、社会热点、民生问题，因此具有显著的时代性特征。自提出大学生社会实践以来,它与时代的紧密结合,创造了一批具有突出特色的实践活动。它们将时代特色与大学生的热情紧密结合,展示了我国大学生的素质与风采。

(三)具有广泛的体验性

大学生社会实践是大学生进入社会前的演习,是对日后工作岗位的提前体验。这种体验单凭口头的描述是无法达到实际效果的。社会实践让大学生置身在一个真实、开放,充满着冲突、矛盾和挑战的环境里,扮演着不同的社会角色,接触形形色色的人和瞬息万变的事,让他们在与社会的互动中提高创新精神和实践能力,培养健全人格和良好个性,提高心理素质和社会化程度,提前感受社会,实现自我改变与完善。

三、大学生社会实践的发展

目前,国内各大高校都很重视社会实践活动的开展。在国家政策支持与社会各界的配合下,大学生社会实践越来越完善,越来越成为大学生成长的重要形式,而对大学生社会实践在各个层面上的研究也为其健康发展提供了理论支撑。未来大学生社会实践的发展方向必定是更加系统化、层次化、综合化、创新化,对其内涵与功能的研究也将更加具体、可行。大学生是社会建设的重要力量,他们的成长关系着整个社会的发展。因此,我们更应该重视大学生社会实践,使之成为大学生完善人格、内化知识、适应社会、服务社会的坚强支持。

第三节　大学生社会实践的现实意义

抓好大学生社会实践工作意义重大,是全面落实党的教育方针的必然要求,也是提高人才培养质量的必然要求。要从贯彻党的教育方针的高度,从把握教育本质、人才培养规律的角度,切实提高对大学生社会实践工作重要意义的认识。大学生参加社会实践，对他们的成人成才、动手能力的培养和思想道德水平的提高都具有重要的意义。

一、对促进大学生成人成才有重要意义

（一）有助于提高大学生的综合素质

毛泽东认为，青年学生除了学习专业知识外，要同工人、农民打成一片，要坚持理论与实际的统一，强调生产劳动与培养全面发展劳动者的关系，提倡学生参加勤工俭学。邓小平一贯主张，学生应该参加生产劳动，教育必须与生产劳动相结合。他认为这不仅是经济社会发展的需要，也是社会主义教育的性质和培养目标所决定的。2016 年 12 月，习近平在全国高校思想政治工作会议上强调："社会是个大课堂。青年要成长为国家栋梁之材，既要读万卷书，又要行万里路。社会实践、社会活动以及校内各类学生社团活动是学生的第二课堂，对拓展学生眼界和能力、充实学生社会体验和丰富学生生活十分有益。"国家教育委员会、共青团中央在《关于广泛组织高等学校学生参加社会实践活动的意见》中强调："为了全面地贯彻党的教育方针，培养有理想、有道德、有文化、有纪律的社会主义的合格人才，必须组织高等学校的学生在学习期间广泛地参加社会实践活动……高等学校除了要认真搞好已列入教学计划的生产实习和社会实践外，还要在假期和课外组织学生参加社会实践活动，作为高等教育的一个重要组成部分。"

素质教育是我国高等教育发展的客观要求。全面推进素质教育，就要使受教育者做到坚持学习科学文化与加强思想修养的统一，坚持学习书本知识与投身社会实践的统一，坚持实现自我价值与服务祖国人民的统一，坚持树立远大理想与进行艰苦奋斗的统一。在思想政治理论课教育教学中，如果把学生置于整个思想教育活动的前台，引向社会这一广阔的课堂，引导他们了解国情民情，增进对人民的感情，培养他们艰苦奋斗、拼搏进取的精神和建设祖国、服务人民的责任意识，就更能激起他们强烈的参与感与高度的社会责任感。比如，我们可以带学生到孤儿院和养老院去帮助那些小孩和老人，让学生体会到人与人之间关爱的重要性，认识到中国社会还有许多

需要帮助的人。

大学生社会实践具有综合性的人文素质教育作用。它不仅具有显著的德育、智育功能，而且也是体育的有益补充，有助于美育发展和促进劳动教育。具体的教育培养目标，可界定为社会智能和实践智能的培养。社会智能是指对社会知识的学习和掌握，以及所具有的社会经验和适应社会的能力，包括社会活动能力和人际交往能力等，其中包含人文素质教育的许多内容。实践智能是指对生产劳动、社会改造、科技、教育、艺术等人类实践领域中的实际技能的学习和掌握，以及在科学研究、生产劳动、经营管理、生活等方面的实际工作中，将理论知识、书本知识与工作实际相结合的动手、动脑能力。两种智能，尤其是社会智能的培养非常有利于大学生综合素质的提高。

(二)有助于强化大学生的生存能力

能力是人们在实践中顺利完成一定活动的本领，或者说掌握知识和运用知识的本领，包括认识能力、组织管理能力、实际操作能力、适应能力和创造能力等。先天素质虽然是能力形成和发展的自然前提和物质基础，但不等于能力本身。能力的形成和发展主要依赖于后天的教育、社会实践和个人的勤奋努力，是在实践中不断吸取集体的智慧和力量而逐步发展起来的。鲁迅先生指出："其实即使天才，在生下来的时候的第一声啼哭，也和平常的儿童一样，决不会就是一首好诗。"

生存能力是人类社会得以延伸和发展的基础，许多教育家把生存能力称为人类的第一行为能力。中国的教育无论是传统教育，还是具有现代意义的素质教育，在学生的生存能力培养上仍然存在薄弱环节。中国当前的青年一代从小就接受着父母、爷爷奶奶、外公外婆等亲人的精心呵护，即使在学校，老师也是对孩子们倾注了大量的心血，孩子们也就在无形中养成了一种依赖的习惯，这就使得他们在生存能力上存在较大的缺陷。中国的许多思想家，包括教育家向社会疾呼：学会生存。比如，大学生在遇到障碍、经济困难或其他方面的不顺时，较少有人想到自己独立克服困难，对父母、朋友、老师等有严重的依赖心理。

能力并不像知识那样，依靠外来的灌输就可以获得，或者可以借助工具来储存。人们只有在社会实践中，通过感官把客观事物或者现象反映到头脑中，感性材料通过大脑加工，上升到理性认识进而指导人们能动地改造客观世界。人们的能力就是在这种认识世界和改造世界的活动中形成和发展的。同样，大学生各种实际能力的形成和发展，需要在实践中不断培养和锻炼。实践可以培养大学生多方面的能力。

(三)有助于大学生的心理健康

在知识经济时代，人的生存质量更加取决于个人实力的竞争。面对竞争，任何人都不可能一帆风顺，永远是胜利者，遭受挫折甚至失败是常有的事情。目前的大学生大多身处顺境，经历简单，较少经受过失败和挫折的考验，心理素质比较脆弱，承受能力差，一旦遇到难题，就容易心灰意冷、一蹶不振，甚至走向极端。心理健康是人的全面发展的基本要求。而在当前，大学生的心理问题较为突出，如学习问题、人际交往问题、理想与现实的冲突等。对大学生进行心理健康教育，帮助他们解决心理问题，形成健康的心理，主要途径之一就是加强大学生的实践活动。让大学生参加社会实践活动，可以锻炼他们的意志品质，提高他们的心理承受能力，促进他们健全人格的形成。

广泛的实践活动能够使大学生克服许多心理弱点，增强社会适应性。有些大学生从小学到高中都没离开过父母，在自己熟悉的环境中长大。进入大学后，他们面对的是一个与中学时代完全不同的环境和群体，在这里一切都得从头开始。从中学时代在父母关爱下生活，一下子进入远离家庭的大学校园，有些学生难以承受这个心理落差，从而导致种种心理问题的产生。在实践中，透过社会这面镜子，大学生能够对自己有充分的了解，较客观地认识和评价自己，并可以实现和他人的较好沟通，达到既能接受他人又能为他人所理解和接受的结果，于是性格就会逐渐开朗，社会关系就会变得融洽，心理也能得到健康的发展。

二、对提高大学生动手能力有重要意义

(一)是坚持理论与实践相结合的重要途径

理论与实践相结合，是马克思主义的本质特征，也是马克思主义的基本原则。马克思主义是在实践中产生的，离开了无产阶级革命斗争的伟大实践，离开了科学理论

家探索客观世界内在规律的科学实践，马克思主义理论不可能形成。马克思主义是在实践中发展的，注重社会实践是马克思主义理论的本质要求。因此，在高校思想政治教育中，必须注重理论与实践相结合这一马克思主义的本质特征和基本原则。

学校主要是通过教学活动培养人，而理论联系实际是教学的一条基本原则，社会实践是理论联系实际的重要途径，也是重要的教学组织形式。大学生参加社会实践活动，能够弥补以往单一的知识本位观的不足。工业经济时代造成了固有的知识本位观，学校教育的中心任务是传授知识，大学生的任务就是接受、存储前人已经"发现"了的知识。在这种知识本位观的指导下，学校教育自然就出现了"书本中心""教师中心"以及死记硬背的现象。然而，本真意义上的"知识"属于人的认识范畴，是人在社会实践中形成并得到检验的。从这个意义上讲，知识乃是一种探究活动，而不是绝对的、不变的结论。换言之，无论新知识的获得还是现成知识的掌握，都离不开人的积极参与，离不开认识主体的活动。大学生掌握知识的过程，实质上是一种探究的过程、选择的过程、创造的过程，也是大学生科学精神、创新精神乃至正确世界观逐步形成的过程。为此，学校教育必须坚持以立德树人为根本任务，拆除那些阻碍学校与社会、课程与生活之间融会贯通的藩篱，让大学生深入社会、了解社会、服务社会。唯有如此，大学生才会感受到学习是生活的需要，而不是额外的负担，消解原先在被动接受的学习活动中所产生的消极的情绪和态度。

(二)是培养创新精神和实践能力的重要方式

进入 21 世纪以来，人类步入知识经济时代，这是以人力资源为本的时代，它的灵魂是创新，它的第一资源是智力资源。在知识经济时代，只有具备创新意识、开拓精神的人才能更加有所作为、有所成就。知识经济的发展取决于人的创新精神和实践能力。

在大众创业、万众创新的新时代背景下，大学生积极参与创新和创业是时代发展的要求。创新能力是指创造者利用已有的丰富知识，在头脑中独立地创造新形象、提出见解和进行创造发明的能力。它包括提出问题、发现规律的能力，创造性地分析问题和解决问题的能力，发明新技术、创新产品的能力等。当大学生在实践中遇到一系列问题时，需要学生深入思考，综合分析，激发创造灵感，形成新的成果，从而改变他们被动接受知识、动手能力差、创新能力低的状况。创新创造是创业的前提，通过到公司兼职、勤工助学、创办企业和注册公司等形式的实践，大学生可将自己所学的知识、创造成果应用于社会，从而培养创业能力。实践教育可以实现双向受益：一方面，大学生从实践中得到锻炼；另一方面，通过实践大学生又可以回报社会、奉献社会。

大学生创新精神和实践能力的培养与其自身的实践活动密切相关。马克思主义认为，人的认识主要是在实践的基础上主体对客体的能动反映。主客体的关系首先是实践的关系，认识的本质是主体在价值目标的推动下，按照内在的尺度和美的规律，在实践的基础上对客体的能动反映。社会实践活动是培养大学生创新精神和实践能力的基础，同时大学生的创新精神和实践能力在实践活动中又得到具体的体验和检验，得到不断的发展和提高。在实践活动中，鼓励大学生不要受已有知识的束缚，敢于突破已有的"知识圈"，敢于创造新知识，从而为今后进行创造性的工作打下坚实的基础。

另外，社会实践能促使大学生科学精神的养成。科学精神是科学在其历史发展中形成的思维方式、价值取向、行为规范和优良传统的总和，反映了科学工作者在科学研究过程中的基本的态度、方法和作风，体现了科学作为社会现象的文化内涵。渴望早日成才的青年大学生们，应当通过实践活动自觉地培养自己的科学精神。大学生参加各种实践活动和实践教育，包括各级各类学科竞赛等，自觉地运用科学的威力，认识到伪科学的东西会对人们造成许多危害，误导人们步入迷途，只有科学才能给人类带来福祉，逐渐让人们培养起求真的精神意识。

三、对提高大学生思想道德水平有重大意义

(一)有利于大学生团队精神的培养

19 世纪以前，科学家凭借手工业的个体作业就可以解决重大的科学问题。今天，随着科学技术的高度综合化，科研工作向着协作化的方向发展，这就需要现代人才具有协作精神。21 世纪教育的一个重要内容就是培养大学生学会生存、学会合作、学会发展。

现代社会是一个高度复杂的有机体，合作精神、合作意识是现代生活中每个社会

成员不可或缺的素质。在工作中，只有团结合作，才能发挥集体的优势，形成群体才智的叠加效益；只有处理好人际关系，才能创造良好的外部环境，有利于获得成功。但当前大学生的团结合作能力和社会交往能力仍有待提高。

由于特定的社会环境及父母的过分溺爱等，大学生中不同程度地存在着以自我为中心、不喜欢主动与他人合作、不善于与他人交往、喜欢“独来独往、我行我素”等现象，个别学生不但不懂得与他人合作，还存在损人利己、不择手段等缺点，这些缺点无疑会限制大学生对社会的认知速度和深度，不利于他们自身的成长。实践活动有助于大学生克服这些缺点。首先，大学生社会实践是一种不带功利色彩的群体性活动，强调更多的是“团队精神”，讲究培养团结合作的意识，绝大多数工作都需要同学甚至老师的共同参与、合作才能完成。今天的实践活动也许就是明天的生活。其次，社会实践又是一种社会性活动，学生个体必须与他人交往，同他人发生联系。作为社会成员的单独个体，每位大学生在社会中都有自己生存的位置，也就是说“每个人都是社会的一个角色”。大学生应当将自己定位在人生发展的轨道上，而不能只学专业知识，忽视社会实践的锻炼。大学生要有宽广的人际交往能力，培养良好的心态和健康的心理。在这种交往和联系的过程中，他们不仅可以发现自己在人际交往方面的弱点，逐步学会如何待人接物、与人沟通，提高自己的人际交往能力，而且可以促使他们向他人学习，取他人之长，补自己之短，增强社会适应性。特别是互联网的飞速发展，使得很多社交活动在线上即可完成，面对面的交流机会减少。为此，2014 年 1 月，共青团中央、教育部、国家体育总局和全国学联联合发起了“三走”①活动。

(二)有利于大学生服务奉献意识的形成

服务和奉献意识是当代人所应具备的素质和品格。一个人不管拥有多少知识和技术，如果不同社会结合，不服务于人民，这些知识和技术就都只是潜在的生产力，只有将其服务于人民，才能将潜在的生产力变成现实的生产力，对社会、对人民作出较大的贡献。

青年大学生思想解放，思维活跃，不墨守成规，有干一番事业的热情，但是由于他们往往是在出校门又进校门中成长起来的，导致了他们容易脱离社会，以旁观者的身

① “三走”即走下网络、走出宿舍、走向操场。

份高谈阔论、评头论足，缺少服务意识，缺乏把自己置身当中、与社会融为一体的严肃态度和脚踏实地的实干精神。

大学生在通过实践活动服务社会，实现自我价值和社会价值统一的过程中，能够增强自身的社会责任感。让大学生去参加社会实践，了解民情、国情、社情，大多数大学生能够实现思想观念的转变。实践教育活动开阔了他们的视野，使他们切实地感受到改革开放以来社会的复杂性和发展的艰巨性。实践教育活动能够使大学生正确认识自己，克服“骄傲自大，眼高手低，大事做不来、小事不愿做”的毛病，摆正个人与社会的关系，正确认识自我价值，增强社会责任感和使命感，进一步培养奉献精神。

(三)有助于大学生树立科学的世界观、人生观和价值观

大学生要树立科学的世界观，拥有正确的人生态度，才会产生远大理想、崇高抱负，把自己培养成新时代的建设者和接班人。而正确的世界观、人生观和价值观的确立，离不开社会实践。

正确的世界观、人生观和价值观在社会实践活动中形成。三观的形成需要一个过程，从大学生的年龄结构和人生发展过程来看，大学阶段正是三观确立的关键时期。大学生们精力充沛，求知欲和上进心强，而且急于为自己构思未来的发展蓝图。他们必然会积极地去认识世界，追求人生，以完善自己的人生旅程。但是他们涉世未深，对复杂的社会生活缺乏必要的亲身体验和足够的心理准备，所以，往往在复杂的事物面前良莠不分、善恶不辨，经受不住困难、挫折。正确三观的确立不仅是一个理论问题，而且是一个实践问题。因此，只有引导大学生深入实践，才能让他们全面了解社会、了解人生的价值，树立正确的世界观、人生观和价值观。

世界观、人生观和价值观在社会实践中得到不断调整。大学生心理发展还不够成熟，导致所形成的三观也不稳固，可塑性大，因而还必须进一步地调整、稳定。社会实践活动不仅能让大学生加深对社会的认识，还能使他们各方面的能力得到发展，由“理想的自我”达到“现实的自我”，从而使他们能正确地自我观察、自我分析、自我评判，并通过实践加深自己对将来从事职业的认识，清楚将来要承担的社会责任和所需的知识与能力。这样他们就会根据自身的能力和社会的需要调整自己的奋斗目标，以形成正确的、稳定的世界观、人生观和价值观。

世界观、人生观和价值观是否正确还需要在社会实践中检验。三观作为一个人

的个性意识倾向，是主观的东西，它正确与否，在意识领域中是无法判明的。通过社会实践，使大学生深入了解国情民意，有助于他们端正思想认识，自觉地把个人理想融入国家和民族发展的大业中，增强为国家和民族发展贡献力量的责任感和使命感。

大学生阶段是三观形成的关键时期，是独立走向社会的准备阶段。在大学里，系统的理论学习对于帮助大学生树立科学三观固然重要，但是社会实践活动对于帮助大学生树立科学的三观具有更为直接的作用，更富有针对性和实效性。

第二章　大学生社会实践主要类型

大学生社会实践是人才培养的重要环节，它为大学生广泛、深入接触社会提供了机会。大学生社会实践内容和形式的创新，是当今时代对创造性和应用型人才培育提出的现实要求。大学生社会实践活动的内容极其广泛，本章主要介绍六种类型的社会实践。

第一节　专业实践

专业实践教育是在对大学生进行专业基础知识教育的前提下，通过各种实践性的手段对大学生进行强化训练，理论联系实际，使大学生获得在实际生活中熟练地运用专业知识和专业技能去观察问题、发现问题、分析问题和解决问题的能力。它是本科教育的基本组成部分，是大学生在完成了本专业基础理论的学习之后开展的又一个重要教学实践环节。通过实验、课程设计、专业实习等专业实践教育方式，达到以下目的：一是巩固教学成果，加深大学生对专业基础理论的认识和把握；二是强化技能训练，使大学生熟练地掌握和运用专业化的技术方法；三是培育专业思维，使大学生建立起坚实的专业素质基础；四是提高创新能力，在实践中培养和提高大学生的创新能力。

一、实验与专题调查

(一)实验

实验是大学生专业实践教育的重要环节。大学生在实验教学中逐步锻炼并掌握观察能力、实验操作能力、思维能力等,以形成对本专业的初步研究能力。通常对于理工科类专业的大学生来说实验性学科尤其重要,而在社科类专业当中根据学科性质也会开展与课程内容密切相关的社会实验和专题调查。

在实验设计和组织的过程中,要特别注重实验的探究性和参与性。所谓探究性实验,是指学生在不知道实验结果的前提下,通过设计一系列的实验并付诸实践,根据实验现象或实验结论进行严密推理来分析、解决问题的一种实验方法。所谓参与性,是指应确保每个学生都积极参与,可以采用轮换的方法,积极倡导学生间的学习。

(二)专题调查

专题调查是一种实证研究方法,是社会学的一种经典研究方法,因而通常也称为“社会调查法”。专题调查是指在一定科学思想的指导下,研究者通过运用一定的手段,向社会有关人员了解某种社会现象的状况,在搜集关于社会现象及其状况数据的基础上,分析社会现象问题的一种研究方法。专题调查一般结合课程学习和课程论文工作进行,既可以安排在平时,也可以放到寒暑假和节假日,既可以分散进行,也可以集中组织。但无论哪方面的社会调查,都应该有明确的对象和内容,并且应注重加强对学生的指导。此外还要注意进行考核和检查,这样才不至于流于形式,确保收到实效。

专项调查的实施主要包括制订专项调查研究计划、设计专项调查问卷或访谈提纲、整理与分析专项调查数据并撰写调查研究报告三个部分。专项调查研究计划主要包括三个方面:一是提出并确定调查研究的课题,明确调查的目的和任务;二是确定专项调查对象和专项调查方式;三是准备必要的调查工具。

作为专业实践活动，大学生开展专项调查，目的不在于学习、学会调查研究方法本身，而在于通过调查研究走进社会、接触社会，提高对社会要素、社会关系、社会现象、社会结构和社会活动的整体认识；在于通过调查研究活动，培养其综合能力，提高实践能力。因此，在调查研究活动的指导过程中，指导教师还应注意有意识地培养大学生实事求是的科学态度，增强大学生对社会的责任感。

二、课程设计

所谓课程设计，是指围绕一门基础课或专业课，运用所学课程的知识，结合实际应用而进行的一种综合分析设计能力的训练。它是实现大学生专业理论知识与实践能力相结合的关键性一环，旨在培养大学生在本课程范围内，初步掌握解决实际应用问题时所应具备的查阅资料、综合运用所学知识的能力，为毕业设计及今后从事专业工作打下基础。在当前的课堂实践教育中，课程设计主要是工科类专业的核心实践性教学环节之一，但在其他学科中也有不少课程根据自身的内容和特点开展或尝试借鉴课程设计这一实践教育环节。

课程设计通常在课程的各教学环节（课堂教学和实验）完成之后进行，一般来说，学生经过两年的公共基础课和专业基础课的学习后即进入专业课的学习，在此阶段可开展课程设计。与毕业设计相比，课程设计内容的复杂性和工作量适中，主要以该专业基础课或专业方向课的理论知识为基础，通过课程设计使学生进一步掌握所学内容，利用所学知识和技能处理实际问题，并通过设计过程学会比较深入地剖析实际问题的方法。因此，该课程的前期理论教学是课程设计的基础，同时课程设计又将为其他专业实践教育方式和毕业设计等综合实践教育方式打下基础。

课程设计一般包括确定选题、下达设计任务书、制定设计计划书、编写设计指导书、明确设计过程、完成设计内容（计算、编程或制作等）以及完成总结报告和答辩。其中，能否确定选题和明确设计过程是整个课程设计成功与否的关键。

从设计方案来看，课程设计的选题非常重要，好的选题是实现教学目标的关键。课程设计的选题必须密切结合教学内容和生产实践，根据实际情况及可能达到的水平进行确定。设计过程的合理性、可行性是保证课程设计教学任务顺利完成的重要条件。其合理性主要体现在能否帮助大学生优化知识结构，提升课程认识层次，增强实践能力;其可行性主要体现在实践操作层面,务必做到合乎逻辑,环环相扣,不至于做到半途无法继续实施下去。

从实践效果来看,大学生进行课程设计不仅有利于提高其对理论知识的掌握,还有利于提高其创造能力和工程实践能力。进入高年级后,大学生接触最多的是专业基础课,但在课堂上他们掌握的仅仅是专业基础课的理论层面。如何去锻炼他们的实践面、如何把他们学到的专业基础理论知识用到实践中去呢?做类似大作业式的课程设计就为这种知识转化提供了良好的实践平台。有些学科和专业的课程设计更是以小组为单位,有利于培养大学生的"大工程"观,同时也锻炼了其分工合作的协调能力和团队合作精神。

三、专业实习

实习是大学生理论联系实际、培养实践能力的重要途径,可以分为专业实习和毕业实习两部分。专业实习也称专业技能实践,是指大学生学完若干专业课之后在课程实践(实验、课程设计)之外分阶段独立开设的综合性强、规模稍大的专业实践。简言之,它是结合专业教学进行的劳动实践和专业实践,如生产实习、金工实习、专业基础实践、专业技能实践、学年论文等,一般安排在大三和大四上三个学期内完成。

从不同角度出发,专业实习可划分为不同类型。从实习内容划分,专业实习可分为专业基础实践和专业技能实践两种类型。专业基础实践是指结合专业特点和学校特色而开发设置的若干实践,一般安排在大三和大四上三个学期内完成,如微机的装配维修和营销、企业网络系统的构建与维护、企业信息化项目的组织管理与策划、软件营销等。专业技能实践是指大学生直接参加校内外的与专业相关的项目或活动,旨在更好地融合专业知识、提高综合能力,一般安排在大三、大四的暑假进行,如管理咨询、系统设计、网站开发等。从实习地点划分,专业实习可分为校内、校外两种类型。以理工科院校为例,组织大学生在校办工厂进行与本专业学习内容相关或相近并且能够提高大学生专业技能的实习,属于校内专业劳动和工艺实习性质;组织高年级大学生去对口企业进行专业实习,则属于校外生产实习性质。这个环节对丰富大学生实际知识、提高运用所学理论知识分析问题和解决问题的能力大有裨益。

总之，专业实习是专业实践教学的重要环节，也是课堂教学的继续和发展，是实现理论联系实际、检验教学效果的重要途径。大学生到具体的社会组织、单位进行考察和锻炼，可以获取对企业的生产流程、生产状况的了解，也可以加深对各组织、单位管理工作概貌的理解，从而提高其应用专业知识解决实际问题的能力；而通过专业技能的实践锻炼，可以培养大学生独立分析问题、解决问题、适应社会的能力，增强大学生的职业意识，有利于提高政治素养、拓宽专业视野，培养大学生初步的研究能力和创新能力，从而达到巩固所学专业理论知识的目的。

四、毕业实习

毕业实习是帮助大学生进一步掌握专业技能的一种实践教学形式，往往与毕业设计(或毕业论文)相联系，一般安排在毕业学年的第二学期。

毕业实习的主要任务是通过综合运用所学专业知识，使大学生获得独立工作的能力，培养综合职业能力。大学生应有目的地围绕毕业设计(或毕业论文)进行毕业实习，以便在实践中获得有关资料，为毕业设计或撰写毕业论文做好准备。

毕业实习的主要内容是在实习单位从事与专业相关的具体工作，力争解决专业技术问题。毕业实习往往通过顶岗实习的形式来实现，在工作内容、工作要求等方面更接近于职场的要求，是大学生走上工作岗位前的过渡阶段。

第二节　社会调查

社会调查是大学生运用特定的方法和手段，从社会实践中收集社会事实的信息资料，并对其做出描述和解释的一种自觉的社会认识活动。它包含以下几层意思：社会调查是一种自觉地，有意识、有目的地观察和认识社会现象的活动。社会调查的对象包括客观存在的社会事实和主观范畴的社会事实，从社会现实生活中直接收集事实材料。社会调查的目的是透过现象揭示事物的真相和发展变化的规律，并寻求改造社会的途径和方法。社会调查是最常见的大学生校外社会实践教育活动类型之一，其内容主要包括：是什么（弄清社会问题），为什么（寻找问题原因），怎么办（寻找解决方法）。

一、调查主题

调查主题由调查目的决定。大学生的社会调查多倾向于学习历史传记、关注时事热点、了解行业产业等。

第一，时代建设成果考察。深入工厂、农村实地考察，了解中国特色社会主义建设伟大成果，如以“精准扶贫工作进展”“和谐社区在我身边”“城市化改变你我生活”等为主题的社会调查。这种方式不但可以帮助大学生加深对党的路线、方针、政策的理解以及对新时代大发展的切身感受，而且更能增强大学生作为社会主义建设者的使命感。

第二，典型历史专题体验。在假期各高校以专题调查的方式组织大学生分赴一些典型地区和单位进行学习、调查，如开展以“重走长征路”“寻访丝绸之路”等为主题的调查活动，可以增强大学生的社会主义信念和社会责任感。

第三，走访英模热点人物。人物调查也是社会调查的重要组成部分。通过开展对先进人物的走访活动，学习先进人物的优秀事迹，了解先进人物的思想境界，可以激励大学生树立远大理想、立志成才，还有助于大学生形成正确的人生价值观。

第四，社会热点调查。社会热点调查是社会调查的主要内容，主要针对社会热点开展街头问卷调查或随机访问，搜集相关信息，以为市民服务、为和谐社会建设出谋划策为实践目的。比如，“最多跑一次改革情况调查”“五水共治情况调查”“绿水青山就是金山银山实地调查”“留守儿童现象的背后”等社会现象和热点问题的调查都是大学生关心民生社稷、为社会建设贡献力量的方式。

第五，专业、行业调查。大学生结合专业、行业进行社会调查，请专业教师介绍行业的发展状况，到业内调查了解社会需求、行业发展现状和前景，这样既能激发大学生学习专业知识的兴趣，又能帮大学生培养良好的就业心态。例如，“IT 行业用人单位关注的学生素质”就是很好的调查主题。

第六，校园专题调查。根据青年大学生中出现的思想倾向或认识误区，可以设计一些调查专题，如“上网真的可以上瘾吗”“大学生恋爱价值观调查”等。这些大学生从自身出发、从身边实际做起的校园专题调查和分析可以为加强大学生的教育引导工作提供有效的参考价值。

二、调查方法

开展社会调查时，一是要确定调查对象的方法，如全面调查、重点调查、典型调查、抽样调查、个案调查等；二是确定收集资料的具体方法，如问卷法、访谈法、观察法、文献法、试点法、会议法等。上述两个方面的内容，构成了社会调查的方法体系。

第一，确定调查对象的方法。①全面调查是指对调查对象的各个部分逐个开展调查，属于遍历式调查方法。主要通过信息的全面收集和整理分析，以期得出规律性的结果。这类调查必须具有足够的样本数量。②典型调查是指抽样选择具有代表性的调查对象做全面、系统、周密的调查。主要通过对典型对象的选择、调查和总结，对代表性人物和事件做出定性的分析。这类调查对调查样本的质量有更高的要求。③个案调查是指对具有代表意义的某一个调查对象进行调查，属于个体式调查方法。这种调查具有很强的针对性，调查分析结果也具有局限意义。

第二，确定收集资料的方法。①问卷法是通过设计合理的问卷，采用开放式、封闭式或混合式问卷收集信息，直接获取调查结果的一种形式。②文献法是通过书面材料、统计数据等文献对研究对象进行间接调查的一种形式。在相关文献资料丰富的情况下，这种形式是能高效率获取调查结果的好方法。③访问法是通过访谈获得第一手调查资料的一种形式。④观察法是通过现场观察，凭借观察感受到的印象搜集数据资料，它和访问法相结合，是基础调查的重要组成形式，是最能获取真实调查结果的方式。

三、调查的作用

社会调查从感性认识角度入手来了解社会的真实情况，是认识现实社会的重要手段。它客观描述社会现象的一般状况、过程和特点，解释社会现象的产生、发展和变化，揭示社会现象的本质和发展规律，预测与控制社会现象的发展。它是马克思主义的基本工作方法，是辩证唯物主义的重要组成部分，也是我们做好一切工作的基础。当前，我们正处在全面开创社会主义现代化建设新局面的历史时期，新情况、新问题层出不穷。我们既要善于总结历史的经验教训，更要重视实际，对现实问题做周密的调查研究。只有勤奋、及时、精心地研究新情况，总结新经验，解决新问题，才能为具体工作的开展提供可靠、客观的依据，这也是大学生应具备的基本素质和业务能力。

第二节　志愿者服务

志愿者及志愿者活动最早起源于西方发达国家，中国最早的志愿者来自联合国志愿人员组织，1979 年第一批联合国志愿者来到中国偏远山区从事环境、卫生、计算机和语言等领域的服务。1990 年，深圳建立"青少年义务工作联合会"。1993 年，北京大学学生自发组织"爱心社"；同年年底，共青团中央决定实施中国青年志愿者行动。1994 年 12 月，共青团中央成立了中国青年志愿者协会。到目前为止，各大中城市、学校、各级共青团组织纷纷组建起了青年志愿者行动组织。据统计，截至 2018 年底，经过规范注册的青年志愿者人数达到 1.1 亿人。我国已经建立起一支规模宏大的志愿服务队伍。志愿者服务在经济社会发展中发挥着越来越重要的作用，在全国上下防控新冠疫情工作中，志愿者扮演了重要角色，贡献了重要力量。

一、大学生志愿者服务的主要内容和方式

(一)中国青年志愿者扶贫接力计划

"中国青年志愿者扶贫接力计划"是中国青年志愿行动的重点项目，以公开招募和定期轮换的方式，组织具有大专及以上学历(或中级以上技术职称)的大中城市青年，到贫困地区从事半年至两年的教育、农业科技推广、医疗卫生等方面的志愿服务，服务期满后，由下一批志愿者接替，形成接力机制。该计划从 1996 年开始试点，1998 年在全国范围实施。

(二)大学生志愿服务西部计划

"大学生志愿服务西部计划"是共青团中央、教育部根据国务院常务会议、《国务院办公厅关于做好2003年普通高等学校毕业生就业工作的通知》和2003年全国高校毕业生就业工作电视电话会议精神的要求而实施的,财政部、人社部给予相关政策、资金支持。这项计划通过引导大学生到西部去、到基层去、到祖国和人民最需要的地方去建功立业,促进西部贫困地区教育、卫生、农业技术、扶贫等社会事业的发展,拓展大学生就业、创业的渠道,努力培养造就一大批既有现代科学文化知识又有基层工作经验和强烈社会责任感的优秀青年人才。这项计划从2003年开始,按照公开招募、自愿报名、组织选拔、集中派遣的方式,每年招募一定数量的普通高等学校应届毕业生,到西部贫困县的乡镇从事为期1～2年教育、卫生、农技、扶贫以及青年中心建设和管理等方面的志愿服务。

(三)"三下乡"活动

声势浩大的大中专学生文化、科技、卫生"三下乡"活动自1997年启动至今,在农村扶贫开发领域吸引了广大青年志愿者积极参与,努力为实施科教兴国战略和国家八七扶贫攻坚计划作贡献。如全国有名的"研究生支教团"赴教育落后的偏远山区义务支教,为农村教育的脱贫贡献力量。

(四)儿童关爱行动

随着越来越多的农民进城务工参与城市建设,留守儿童已成为社会关注的热点问题,越来越多的大学生志愿者加入关爱留守儿童的行动中。走进农村,走进外出务工农民家里,和留守儿童结成"一帮一"帮扶对子,在农村学校建立爱心书屋、举行联谊活动等服务行动都为留守儿童的健康成长做出了积极的努力。

(五)社区志愿服务和谐行动

社区志愿服务和谐行动是共青团中央2006年5月开展的志愿者计划项目,广大大学生志愿者深入社区,宣传社会公德,宣传医疗知识、安全法规,提供法律援助,结成扶贫扫盲对子,配合社区开展精神文明建设,为建设和谐社区贡献力量。

(六)大型经济、体育、文化活动及社会公共活动场所志愿者服务行动

如北京奥运会等重量级体育赛事、欧盟—中国投资贸易洽谈会等国际会议,以及申报世界级文化遗产、创建全国优秀旅游城市等活动都是需要大批志愿者齐心协力、共同服务的。大学生拥有语言等优势,在这些活动中起着不可替代的作用,这样的活动也给志愿者们搭建了向全国、全世界人民展示志愿者风采的平台。另外,具有重要历史意义和社会影响的历史遗址以及大型博物馆、纪念馆等爱国主义教育基地,是群众比较集中的场所,很多大学生志愿者担任讲解服务员,既服务群众,又有利于学生们自身增长见识,提高综合素质。

二、大学生志愿者服务的价值

(一)精神价值

志愿者行动具有崇高而普遍的精神价值。志愿者服务追求的是和谐、关爱、高尚、奉献、利他的人类文明境界,是在新的历史条件下改变和防止青年一代精神失范、信仰缺失的一种重要精神实践方式。例如,奥运会在中国的成功举办印证了我国社会的长足发展,志愿服务群体可以更直接地体会这种辉煌与骄傲;中国深厚的传统文化和美德通过志愿服务群体的展示,将增强中国传统文化的影响,他们的自豪感也会油然而生。

(二)社会价值

志愿者行动促进了社会和谐与进步。青年志愿者行动能够增进人与人之间,不同社会群体、社会阶层之间的了解和沟通,缓解由于社会群体分化所带来的矛盾;对于补救或预防某些社会问题的发生和恶化,能够发挥积极作用;志愿者行动不仅直接提供社会服务,也是国家、政府与民众相互沟通的桥梁。志愿者行动为社会各阶层的人们提供了广泛参与社会活动的渠道。通过志愿活动,各个阶层、各个群体都能为社会作贡献。可以说,志愿者的行动构筑了社会信任,有效地缓解社会冲突,促进了社会安定、和平,增加了和谐社会的亲和度与凝聚力。

(三)教育价值

青年志愿者行动是高校实施素质教育的有效途径,将养成志愿者终身学习的习惯,并成为建设学习型社会的实践。主要体现在:青年志愿者活动使大学生们获得一个深入接触社会实际、真实了解与认识中国国情的极好机会,这不仅丰富了他们的生活阅历,还增强了他们的感性认识;青年志愿者活动使大学生有机会为社会贡献自身的才学、能力,满足了"自我实现"的最高需要,不单为社会作出了一定的贡献,弘扬了新风气、新风尚,使得人生的价值也在志愿活动当中得到体现,从中学会自觉奉献的精神和参与社会活动的责任感,精神境界得到升华,这对改善社会风气、确立敬业精神起到了积极作用。通过志愿服务培训和实际工作,增强了协作精神、团队精神和帮扶弱势群体意识,使他们学会与人团结合作,依靠团队力量共同完成任务。通过培养帮助他人或者其他弱势群体的技能和树立帮扶意识,使他们从中学会关心他人,并延及关心整个社会,学习维护弱势群体的利益,并延及服务于整个社会和人民的利益。通过参与志愿服务工作,对比发现他人的优点和自身的不足,并可以善加利用,取长补短,有助于自身的发展。

(四)经济价值

已有的数据表明,志愿者行动带来了相当大的经济贡献。美国的一项调查发现,在一年中，志愿者行动相当于900万个全职工作，价值达到2250亿美元。根据有些国家的测算，志愿者所创造的财富占本国国内生产总值的8%～14%。尽管各国的计算方法可能不尽相同，但是志愿者的行动确实为经济的发展作出了巨大贡献。

第四节　公益活动

公益活动是服务于公共利益的活动，是一种典型的实践，它以慈善公益精神为道德基础，以活动者的意愿为实践基础，以大学生的普遍参与为发展基础。慈善公益理念是公益活动中各种道德意识和行为的综合体现，通过大学生的实际行动融入实践，在活动过程中根据社会伦理道德对公益活动的客观要求进行的理性认识和价值升华，从而形成集体价值观。这种价值观有着巨大的向心力和凝聚力，以最广大人民的认可和投入为目标。公益活动所倡导的是扶弱济困，所追求的是公共利益的实现以及社会的公平正义与发展进步，有助于克服社会疏离和隔膜，促进社会稳定与和谐。公益活动的根本是以人为本，它所具有的以上这一系列特点，切合高校思想政治工作的本质。公益活动是高校社会实践的重要载体。大学生公益活动的主要类型包括以下几个方面。

一、社区服务

1993年底，共青团中央决定实施“中国青年志愿者社区发展计划”，进入社区，进行基层服务成为大学生公益活动开展的主要方式。具体服务形式包括以下几种：第一，对社区孤寡老人的帮助。大学生定时定期为社区老人提供上门服务，首先是关心老人的基本生活能力，其次是为老人排解心理寂寞，再次是帮助老人解决体力劳动问题。随着大量年轻劳动力的外出务工，空巢老人的数量逐年增加，再加上我国老龄化的趋势越发严重，孤寡老人尤其是无人照顾、自理能力不足的老人数量陡增。大学生进入社区组成公益活动小队，帮助老人的起居、为老人做一些简单的身体护理和检查、带老人去医院、为老人做家务劳动等。尤其是对一些情绪不稳定的老人进行心理疏导，像家人一样陪伴他们，排解老人的孤单情绪，发自内心地关注他们的需求。第二，配合街道办事处，对社区工作进行协助和推动。利用大学生自身较高的文化素质和专业知识，宣传党和国家的政策，以通俗易懂的形式对群众进行政策讲解，帮助社区群众领会党的精神。在社区宣传栏定时定期更新贴近群众生活的利好政策，为群众的政治生活提供一个良好的认知平台。另外，定期举行小范围的法制宣传活动，采用一对一的形式，一个大学生走进一个家庭，深入地普及法律知识，让社区群众从生活的点点滴滴中认识到法律的重要性。

二、支教活动

从 1997 年开始，每逢假期都有大批的大学生组成公益小组，去西部贫困山区进行义务支教活动，经过多年的努力，该项活动取得了一定的成绩。1998 年开始，我国全面实施"中国青年志愿者扶贫接力计划"，这一计划有效地促进了大学生奔赴西部贫困山区的进程，它有效地倡导了大学生及青年深入贫困地区进行义务教育、科技知识普及等公益服务。大学生利用寒暑假两个较为集中的时间，组成支教小队，到一些较为落后的贫困地区提供教育活动，为落后地区的孩子们带去新的知识，这也是大学生公益活动的主要类型之一。支教服务期可以是寒暑假，可以是大三学生的实习阶段，也可以是为期一年的支教行动，无论采取哪一种方式，都要形成长期的接力机制，不能走形式主义，不能走过场，要实实在在地为贫困山区的孩子们带去好处，既可以为孩子们带去书本上的知识，还可以带去新鲜的社会信息。支教公益团队的形成，一方面响应了国家所倡导的到中西部地区扶贫的支援项目，促进了贫困地区的教育事业发展，另一方面也在很大程度上培养了当代大学生乐于奉献、吃苦耐劳的精神。大学生深入贫困地区，可以亲身体会幸福生活的来之不易，面对条件优越的校园生活，他们应更加珍惜社会主义的胜利果实。支教活动的艰苦性，有助于消除某些大学生身上的浮夸、虚荣等毛病，培养艰苦朴素的作风。目前，新时代脱贫攻坚目标已全面完成，但是支教活动依然存在较大的社会需求，特别是内容更加丰富、层次进一步提升的支教活动，可以继续深入推进，高质量发展。

三、公益性宣传活动

公益性宣传活动起着很重要的桥梁作用，开展广泛的公益知识普及活动，可以让更多的人认识公益、了解公益，并参与到公益活动中。通过公益传播，公益不再是一个小群体的活动，从大学生到青少年，再到社会中的每一个成员，逐步推动一个人人可公益的体系形成，这对社会主义精神文明建设势必是浓墨重彩的一笔。大学生公益性宣传活动具体包括以下几个方面。

第一，法律宣传。如充分发挥法律专业大学生的特长，在校园内举办公益法制宣传图片展，以图文并茂的形式向学生普及法律知识，进行法律知识宣讲或赠送简明法律读本。法律志愿者既可以为学生们现场解答有关法律问题，促进学生知法、懂法、守法，还可以将简单易懂的法律常识引入课堂，通过案例和理论结合的方式，活泼生动地将法律信息传达给学生。

第二，环保宣传。比如以“公益、环保”为主题，通过微电影、漫画展等符合时代特色的方式开展宣传教育活动，激发学生们对环保公益活动的热爱，并让大学生的创意和激情成为传播绿色公益理念的绝佳载体。通过这种新颖的方式，在广大的学生群体中，传播公益环保理念，促进学生环保意识、公益意识的形成。

第五节　创新创业类活动

创新是一个民族进步的灵魂，是一个国家兴旺发达的不竭源泉，也是中华民族最鲜明的民族禀赋。中共中央“十三五”规划明确提出，要激发创新创业活力，推动大众创业、万众创新，落实高校毕业生就业促进和创业引领计划，带动青年就业创业。在知识经济和信息技术广泛应用的今天，大学生创新精神和创新能力的培养已经成为大学教育的核心任务，如何培养高素质的创新创业人才得到社会的高度关注，成为高校学生培养的重要课题。大学生创新创业实践活动的开展也格外受到社会、企业和学校的高度关注和重视，成为当今校园活动中学生的新宠。同学们纷纷走进课题、走进工作室、参与各种创业大赛和创业计划，通过创新创业活动全面提高综合素质，培养创新精神。该类活动充分体现了大学生实践教育的学习性和成长性特点。

根据大学生参与校园创新创业活动的程度,其活动形式可分为科技创新活动、科技创业活动等。

一、科技创新活动

大学生的创新活动更多的是指科技创新活动,与学生课外学术科技活动密不可分。科技创新活动是以激发学生的创新意识为核心,以培养学生的创新精神和实践能力为重点,在全校学生中开展创新教育,营造创新氛围的系列课外科技类活动。其形式包括创新基地、创新基金、学术论文、发明制作、创新竞赛等。该活动具体以多种技能训练和多元能力培养为目标,重视团队角色、知识要素整合、协作研究和学习工具与环境设计等多种因素,鼓励学生在活动中孕育出新思想和新见解,发明出新范式和新方法,或发掘出新材料和新证据,最终创造出新的产品并能运用于实践。大学生在活动中无论是创新素质、综合能力还是成才意识都将得到极大提高,实现了知识、能力、素质的有机统一。

创新基地通过开展创新知识教育、创新能力培训、科研课题、发明制作等活动,使得大学生能够比较全面地认识本学科领域的发展状况,激发学习、探索和创新的积极性,培养大学生的创新意识、创新思维、创新能力,营造校园科技氛围。大学生数学建模竞赛、"挑战杯"科技作品竞赛、全国大学生英语竞赛等重大竞赛则鼓励学生充分发挥自身自觉性、能动性和独立性,在解决问题的过程中培养创新思维能力和独特见解。

由共青团中央、中国科协、教育部、全国学联共同主办的"挑战杯"全国大学生课外学术科技作品竞赛和"挑战杯"中国大学生创业计划竞赛,以及各学校组织的校级创新创业竞赛,如电子设计大赛、计算机技能大赛等活动,掀起了校园创新活动的热潮。各类比赛中涌现了一大批科技文化素质非常优秀的拔尖人才,这些优秀典型进一步激发了大学生对创新活动的热情,同时比赛也集中展示了大学生的创新成果,加强了创新教育,培养了创业团队,催生了创业项目,促进了大学生创新从学校到社会的顺利转化。

二、科技创业活动

大学生科技创业活动是指大学生充分利用校园平台，整合企业、政府等社会资源，通过项目实施、计划而开展的创业演练和模拟。一般来讲，大学生的创新创业活动会有课题和经费支撑，以课题项目、创业计划、创业竞赛、大学生创业中心、各种工作室的形式开展实践。其中，大学生素质拓展计划、众创空间等是主要的实践载体。

2014 年以来，国内掀起了“大众创业、万众创新”的新浪潮，众多高校成立了专门的创业学院，用于开展大学生创新创业教育，为大学生创业搭建了很好的平台。经过几年的发展，大学生科技创业活动得到了长足进步。

企业创业俱乐部、企业家协会等社团组织是在校大学生创业活动的主要载体。在近年大学生创业浪潮中，企业开始通过建立工作室、俱乐部的方式开辟校内创业市场，一方面培养大学生的创业实践能力，另一方面将人力资源开发前移，以便及早发现优秀人才。俱乐部、工作室采取市场化运作和项目化管理模式开展大学生创业实践活动，大学生在这种模式下提前体会和学习市场运作、项目管理和项目开发，尝试创业之路。目前，越来越多的企业在高校以社团的方式进行企业推广、人才培养和技术研发，吸引了立志自主创业的大学生的积极参与。俱乐部、工作室因企业背景，其工作理念、运作方式和评估标准与一般学生社团有很大的不同，是大学生了解企业文化、加快社会化进程、开展创业实践的有效载体。大学生创业活动涌现出了一批喜人的创业成果，有的实现了成果的顺利转化，开启了自主创业的新征程。

第六节　职业生涯探索

对大学生开展职业生涯探索教育是近年来备受关注的一项教育活动，由于其丰富的实践性内涵，高校开始逐步将其作为社会实践工作的一项重要内容。

大学生职业生涯发展越来越受到社会和教育领域的关注。在我国中小学教育阶段，我们对于职业认知方面的教育是相对缺乏的，这是大学生职业生涯规划水平普遍不高的主要原因。近年来，随着新高考改革的实施，虽然部分学校在高中阶段引入了生涯规划教育课程，但其侧重点仍然是围绕如何选择高中课程、如何选择大学专业而开展的，并未进入“职业”领域。进入大学以后，“职业”这个词离大学生越来越近，而要真正开展良好的职业生涯规划，大学生必须走出校园，开展社会实践活动，进行职业生涯探索。

职业生涯探索是职业生涯规划的前提与基础，只有在充分的职业生涯探索基础上开展的职业生涯规划才具有科学性和可行性，大学生可以以相关的职业生涯规划理论为指导，开展探索与规划工作，这里对相关理论作一简要介绍。

一、职业生涯规划与发展的基本理论

国外的相关理论研究可追溯到 20 世纪初美国职业指导运动的兴起。这些理论从不同的角度指导个体的行动，帮助其在混乱中明晰方向，理解自己的经历和所学知识的意义，在已知和未知之间架起一座桥梁，解释和总结相关信息，并据此做出预测，设定发展目标。

(一)职业选择相关理论

1.特质因素理论

特质因素理论又称人职匹配论，由美国波士顿大学教授弗兰克·帕森斯提出。主要内容包括：清楚地了解自我，即了解自己的气质、能力、兴趣、志向、界限，以及自我存在的一切根据；了解关于职业上的成功、利弊、报酬等的必要资格与机会，以及对各种职业所需的知识、条件的预测；关于以上两个事实的合理推断。

2.人格与环境类型理论

由美国职业指导家霍兰德于 20 世纪 60 年代创立，核心内容包括以下四个概念。①人格分为 6 大类型：现实型(R 型)、研究型(I 型)、艺术型(A 型)、社会型(S 型)、企业型(E 型)、传统型(C 型)；每一特定类型人格的人，更易对相应职业类型中的工作或学习感兴趣。②职业环境也和人格一样，能区分 6 种类型：现实型(R 型)、研究型

(I型)、艺术型(A型)、社会型(S型)、企业型(E型)、传统型(C型)。③一般来说,人总是寻求能发挥自己的知识、能力、技术以及能展示自身态度与价值,并与自己相适应的职业环境。④个人的行为取决于人格与环境之间的相互作用。

(二)职业发展相关理论

1.金斯伯格的发展理论

美国著名职业指导专家金斯伯格的主要观点是:职业上的发展贯穿人的整个生涯;职业选择不是单一决定,而是各种连锁决策的结果;职业生活存在不同的发展阶段(幻想期、尝试期和现实期),每个阶段有自身不同的发展课题;人具有不同的职业发展模式。

2.舒伯的生涯发展理论

1953年,美国学者舒伯根据自己"生涯发展型态研究"的结果,参照布勒(Bueller)的分类,将生涯发展阶段划分为成长、试探、决定、保持与衰退五个阶段,其中有三个阶段与金斯伯格的分类相近,只是年龄与内容稍有不同,舒伯增加了就业以及退休阶段的生涯发展,具体分述如下。

(1)成长阶段(出生～14岁)。该阶段孩童开始发展自我概念,开始以各种不同的方式来表达自己的需要,且经过对现实世界不断地尝试,修饰他自己的角色。这个阶段发展的任务是:发展自我形象,发展对工作世界的正确态度,并了解工作的意义。这个阶段共包括三个时期:一是幻想期(4～10岁),它以"需要"为主要考虑因素,在这个时期幻想中的角色扮演很重要;二是兴趣期(11～12岁),它以"喜好"为主要考虑因素,喜好是个体抱负与活动的主要决定因素;三是能力期(13～14岁),它以"能力"为主要考虑因素,能力逐渐具有重要作用。

(2)探索阶段(15～24岁)。该阶段的青少年,通过学校的活动、社团休闲活动、打零工等机会,对自我能力及角色、职业作了一番探索,因此选择职业时有较大弹性。这个阶段发展的任务是:使职业偏好逐渐具体化、特定化并实现职业偏好。这阶段共包括三个时期:一是试探期(15～17岁),考虑需要、兴趣、能力及机会,作暂时的决定，并在幻想、讨论、课业及工作中加以尝试；二是过渡期（18～21岁），进入就业市场或专业训练，更重视现实，并力图实现自我观念，将一般性的选择转为特定的选择；三是试验并稍作承诺期（22～24岁），生涯初步确定并试验其成为长期职业生活的可能性，若不适合则可能再经历上述各时期以确定方向。

（3）建立阶段（25岁～44岁）。由于经过上一阶段的尝试，个体会谋求变迁或作其他探索，因此该阶段较能确定在整个事业生涯中属于自己的“位子”，并在31～40岁开始考虑如何保住这个“位子”，并固定下来。这个阶段发展的任务是统整、稳固并求上进。这个阶段细分又可包括两个时期：一是试验－承诺稳定期（25～30岁），个体寻求安定，也可能因生活或工作上若干变动而尚未感到满意；二是建立期（31～44岁），个体致力于工作上的稳固，大部分人处于最具创意时期，由于资深往往业绩优良。

（4）维持阶段（45～65岁）。个体仍希望继续维持属于他的工作“位子”，同时会面对新的人员的挑战。这一阶段发展的任务是维持既有成就与地位。

（5）衰退阶段（65岁以上）。由于生理及心理机能日渐衰退，个体不得不面对现实从积极参与到隐退。这一阶段往往注重发展新的角色，寻求不同方式以替代和满足需求。

（三）职业规划相关理论

（1）斯温的三角模式理论。美国伊利诺伊大学教授斯温提出职业生涯探索可以从自我的探索、教育与职业的探索、自我与环境的探索三个方面开展。该模式由三个三角形和一个圆形所组成，而生涯决定是它们彼此之间的联结，如图2-1所示。圆形是此模式的核心部分，表示一个人想要达到的生涯目标。职业生涯探索就是为了追寻此目标的设定，深受环绕着核心的三个小三角形所影响，每个小三角形都是职业生涯探索与规划的重点。

（2）哈生的生涯规划理论。美国明尼苏达大学教育心理学系教授哈生认为，完整的生涯规划包括职业、生活、休闲和爱的综合规划。

（3）施恩的职业锚理论。美国麻省理工学院著名职业指导专家施恩提出8种职业锚：技术/职能型职业锚、管理能力型职业锚、创造型职业锚、安全感型职业锚（稳定型职业锚）、自主型职业锚、服务型职业锚、纯挑战型职业锚、生活型职业锚。

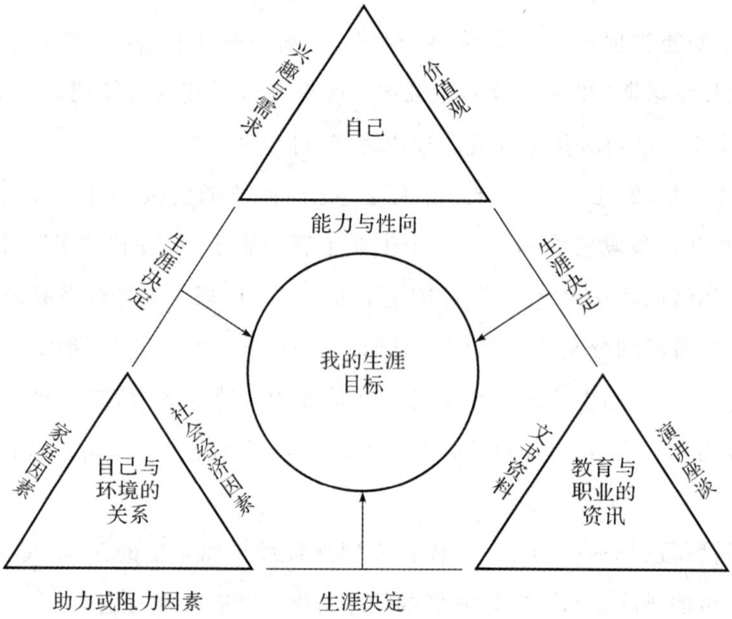

图 2-1　斯温的三角模式理论

(四)职业适应相关理论

(1)心理(人格)特质论。日本学者松下等人认为,个人所持人的心理学上的特质,如果与职业和工作条件一致的话,那么可以说个人是进入了职业上的适应阶段。

(2)罗伊的养育关系理论。美国著名临床心理学家罗伊认为,人早期的养育环境,对成人以后的职业志向与职业领域选择有明显的区分现象。

(3)鲍丁的心理动力论。美国心理学家鲍丁提出,人出生以后到 6 岁这个阶段,决定着今后人格的构成与职业行为的模式。

各种职业生涯规划与发展理论从不同的角度呈现不同的观点,但相同的是:他们都认为职业生涯的发展是一个持续的、长期的决策过程,都受到个人所处的家庭、教育以及社会环境的影响,熟练地掌握这些理论并加以融会贯通是至关重要的。它们具有的共同点是:所有的生涯发展理论,都包含了自我概念的实现;倡导合理的生涯规划与决策;强调了解自我;强调了解工作环境;强调人与环境的互动。

二、大学生职业生涯探索的主要内容

根据斯温的三角模式理论，职业生涯探索可以从自我的探索、教育与职业的探索、自我与环境的探索三个方面开展。

（一）自我的探索

1. 知识、技能、能力的探索

知识是人们在社会实践活动中所获得的认识与经验的总和。具备合理的专业知识结构是满足用人单位需求的基础。技能是指人们通过练习而获得的动作方式和动作系统，技能也是一种个体经验，但是主要表现为动作执行的经验。技能是自我活动的调节机制中重要组成要素，也是能力结构的基本组成成分。因此，多技能的培养是青年在大学阶段重要的课程。能力是顺利完成某种活动所必须具备的一种心理特征。能力不同于技能，强调完成活动的心理条件。但知识与技能、能力又密切相关。能力依赖知识、技能的获得，同时能力的高低也会影响知识、技能的掌握。因此个体既要关心知识、技能的掌握，也要关心能力的发展，并促使将知识、技能转化为能力。个人必须明白自己目前能做什么，不能做什么，还需要补充哪些知识，在学习的不同阶段，都要在专业知识、非专业知识和能力上对自己有个很好的评估。

2. 自己需要的探索

现实状态下，很多大学生对自己真正需要什么尚不明确。著名心理学家马斯洛提出了需要的五个等级学说。他认为人有生理的需要、安全的需要、归属和爱的需要、尊重的需要和自我实现的需要。生理需要是缺失性需要，在人的所有需要中是最重要，也是最有力量的。安全的需要表现在人们要求稳定、安全、受保护、有秩序、能免除恐惧和焦虑等。归属和爱的需要是一个人要求与其他人建立感情的联系或者关系。尊重的需要包括自尊和受到别人的尊重，自尊需要的满足会使人相信自己的力量和价值，使他在生活中变得更有能力，更富有创造性。自我实现的需要是人们追求实现自己的能力或者是潜能，并使之完善。这些需要决定了我们职业生涯探索的方向，也为我们提供了职业生涯探索的动机。

3.个人人格类型与职业兴趣的探索

兴趣是人积极探索某种事物的认知倾向，它与个体的认识及与相应环境的交互作用有关，当人的兴趣达到稳定程度的时候，便成为人的个性倾向性，影响一个人对教育和职业目标的选择。而职业兴趣则是有关职业偏好的认知倾向，是影响人们职业生涯规划的重要因素之一。大学生可以在平时学习和社会实践中找到自己的职业兴趣所在，也可以通过职业兴趣测试加深了解。

人格是人不同于他人活动的动力特征的稳定态度和习惯化了的行为方式，它是后天形成，与人的价值观有更密切的联系。人格特征与职业适应性有着密切的关系。如果一个人的人格特征与其所从事的职业很符合，就很可能在事业上获得成功，反之，则会使从业者的心理健康受到损害，甚至妨碍事业的成功。

4.职业价值观的探索

价值观是工作或者活动的动力，是个人评价外在事物以及决定是否投身不同行业、职业的依据，是持久性的信念，也是个人社会对某种行为或存在状态的偏好。价值观包含着认知、情感和行为的成分，并影响个人在日常生活中对不同目标或者事物的选择。职业价值观是人们在职业生活中表现出来的一种价值观，是做职业决策必不可少的一个组成部分。如果在职业生活中找到了自己的价值，那你的工作就会变得有意义、有目的，就会是一种乐趣而不是负担。如果你的工作没有使你得到满足，生活本身就会变得乏味、单调而令人烦躁。职业价值观的探索也要依赖于广泛的实习实践，通过多种多样的实践岗位和工作内容的体验，去逐步澄清自己的职业价值观。价值观测评也可以作为有效的补充。

(二)教育与职业的探索

教育与职业的探索是对工作与教育世界的探索，包括职业讯息的了解和对工作世界的认识两部分。认识工作世界的渠道有收集与职业相关的文书资料、举办演讲和座谈会、实地参观访问等。职业信息的收集在职业生涯探索中占有着非常重要的地位，是职业生涯规划的重要部分，因为职业选择取决于其所收集到的信息。对职业讯息的了解主要包括两个方面：一是工作信息的了解，如工作的性质、教育培训和经历、个人素质、工资、工作条件、工作地点、在该行业中的工作者的人格特征、晋升前景、个人从工作中获得的满意感、对于你个人的利弊、其他人的感受、相关的职业等；二是信息来源的了解，如网络媒体、出版物、视听材料、教育材料、计算机系统、生涯人物访谈等。

（三）自我与环境的探索

职业生涯探索不能仅仅是个人资料和职业信息的整合，而应善于利用个人的基础资源，它主要包括家人、师长、朋友的期许和协助，社会资源的助力，来自不同意见的限制和阻力，乃至个人的经济和知识资源等。社会关系在大学生就业过程中确实也发挥着积极的作用：扩展信息渠道，创造更多就业机会；提供可靠的经济后援，降低失业风险；减少工作搜寻成本，有助于人力资本价值的实现。

对于大学生求职者来说，首先要学会开发现有的社会资本。每个人都拥有各自的社会支持系统：亲戚朋友、教师、校友、同学、同乡等，这些都能成为很好的社会资本。如果能意识到它的重要性，平时加重这方面的交往并注重交往的质量，以真诚的态度与他们相处，无疑对于信息量的增加是大有裨益的。整个社会也应积极地鼓励大学生建立自己的社会支持系统和信息网络，充分发挥自己的主动性，利用好自己的人力资本和社会资本，同时也区分搞歪门邪道和正道运用社会资本求职择业的界限。

三、大学生职业生涯探索效果的评价标准

如何判断大学生职业生涯探索的效果，是开展大学生职业生涯探索教育的一个重要研究指标，也是检验课程教学效果的重要依据。一方面可以从自我认知层面看，大学生能否发展和完善自我概念，了解、接受和发展自我，认识自己的个人特质、个人期望和抱负，认识生涯发展资料，澄清个人价值观，建立和完善个人适合的价值观念，准确觉察自己所偏好的生活形态和工作价值观。另一方面从大学生的生涯决策技巧

和职场初步技能掌握情况看，在面对各种决定的情境时，能否准确界定问题，并运用各种资讯，科学分析相互间的利弊得失，力求作出最适合的决定，找出最适合自己的、与自己的生涯目标匹配的生涯路径，并掌握初入职场的职业技能，提升面对社会变迁、科技不断发展的适应和应变能力。

简言之，判断大学生职业生涯探索效果的标准具有三个特点：一是在充分了解自我和环境的基础上，能够确定自己未来的职业方向，有明确的“行业—职业（职业群）路线图”，目标清晰可行，执行意志坚定；二是有生涯短期、中期、长期较明确的规划图及备用调整方案；三是掌握了进入该职业的知识与技能，或者制定了为进入该职业而准备的学习计划。

四、大学生职业生涯探索的主要方式

大学生职业生涯探索主要通过职业实践活动和大学生职业生涯规划大赛两种方式。

（一）职业实践活动

这里所说的职业实践活动主要包括专业实习、专业见习、企业调研、走访校友、参加行业报告会、生涯人物访谈等，部分内容在别的章节涉及，这里重点讲一讲生涯人物访谈。

生涯人物访谈，是通过与一定数量的职场人士（通常是自己感兴趣的职业从业者）会谈而获取关于一个行业、职业和单位“内部”信息的一种职业探索活动。通过访谈，了解该职业岗位的实际工作情况，获取相关职业领域的信息，进而判断你是否真的对该工作感兴趣，实际上是一次间接、快速的职业体验。为了帮助学生进行职业探索和职业环境认识，职业生涯人物访谈活动对于没有工作经验和社会阅历的大学生来说，是了解职业的一个比较好的方法。

1. 活动主题

了解社会、探索职业、促进规划、把握人生。

2.活动目的

生涯人物访谈是大学生职业选择和职业定向的一个自助平台，是一种获取职业信息的有效渠道，目的在于使学生了解和认识社会需求、职业需求、职业环境和基本状况，帮助求职者（尤其是在校大学生）检验和印证以前通过其他渠道获得的信息，并了解与未来工作有关的特殊问题或需要，如潜在的入职标准、核心素质要求、晋升路径和工作者的内心感受等（这些信息是通过大众传媒和一般出版物得不到的）。通过生涯人物访谈，还能正确认识自己的优势和不足，从而制定更加合理的大学学习、生活计划。

3.操作流程

（1）认识和了解自己。若想加强对自己的了解和认识，可以借助一定的工具，如霍兰德职业倾向测试、职业能力测量表、职业价值观自测量表或测评软件分析自己的兴趣、性格、技能和工作价值观。

（2）寻找生涯人物。大学生结合自己的兴趣、技能、工作价值观、教育背景和已掌握的职业知识列出未来可能从事的几个职业，然后在每个职业领域寻找3位以上的在职人士作为生涯人物访谈对象。生涯人物可以是自己的亲人、教师和校友，可以是他们推荐的其他人，也可以借助行业协会、大型同学录或某个具体组织的网页来寻找其他职场人士。（注意：生涯人物的职业应是自己向往的。每个职业领域的生涯人物应结构合理，既有初入职场的人士，也有工作了一定年限的中高层人士；正式访谈前，对生涯人物的信息掌握得越全面越好。）

（3）拟定访谈提纲。结合目标职业信息设计访谈问题，对生涯人物的访谈可以围绕以下要点进行：行业、单位名称、职业（职位）、工作的性质类型、主要内容、地点、时间、任职资格、所需技能、市场前景、行业相关信息、工作环境、工作强度、福利薪酬、工作感受、员工满意度等。

生涯人物访谈提纲

1.您是如何找到这份工作的？

2.就您的工作而言，您最喜欢什么？最不喜欢什么？

3. 您的职位是什么？您的主要职责是什么？

4. 从事此行业的人做些什么？

5. 工作地点一般在哪里？

6. 在行业内，先从什么样的工作岗位做起，能学到最多的知识，最有益于发展？

7. 工作场所性质有哪些特征？

8. 在工作方面，您每天都做些什么？

9. 您在做这份工作时，日常面临的问题是什么，什么最有挑战性？

10. 个人的主要成就是什么？最成功的是什么？

11. 在这个职位上，如果想获得成功必须拥有并保持什么样的能力？

12. 目前还缺乏的必须改进的能力有哪些？怎么改善他们？

13. 在您的组织中，能够把在同样一个岗位上成功和不成功区别开来的行为是什么？

14. 您认为做好这份工作应该具备哪些知识、技能和经验？

15. 目前，行业内要求从事这份工作的人应该具备什么样的教育和培训背景？

16. 您认为什么样的个人品质、性格和能力对做好这份工作来讲是重要的？

17. 这项工作需要的个人品质、性格和能力同别的工作要求的有什么不同吗？

18. 学校中的哪些课程对这个行业比较有帮助？

19. 行业内，单位对刚进入该领域工作的员工一般会提供哪些培训？

20. 在您的工作领域里初级职位和略高级别职位的薪水一般是什么水平？

21. 男女工作者在这份工作上机会均等吗？

22. 这个行业的人们，对于他们所从事的工作有什么满意与不满意之处？

23. 从事这份工作实现了您的人生价值吗？家庭对您现在的工作满意吗？

24. 这个行业的人才供求关系怎样？据您所知，从事这种工作的人在单位或者行业内发展的前景怎样？

25. 最近这个行业和工作因为科技进步、经济的全球化发生变化了吗？

26. 您如何看待该单位的组织文化和该领域的工作方式在将来的变化趋势？

27. 这个行业是否有季节性或地理位置的限制？

28. 这个行业存在的困难及前景如何？

29. 据您所知，有什么职业杂志、行业网站或其他渠道能帮助我深入了解这个领域？

30. 您的熟人中有谁能够成为我下次采访对象？

注意：以上问题仅供参考，各人提的问题要根据自己的具体情况进行设计，通过生涯人物访谈，是要从生涯人物那里获得对自己有用的信息；设计的问题也可以采用封闭式，既节约时间，又能得到需要的答案；问题设计得要尽量口语化，通俗易懂。

(4)预约并实地采访。预约方式有电话、QQ/微信、电子邮件和普通信件等，其中电话最好。预约时首先介绍自己，然后说明找到他的途径、自己的采访目的、感兴趣的工作类型以及进行采访所需要的时间（通常30分钟左右），确认采访的日期、时间和地点。（注意：联系前的准备要充分，电话联系时还应备好纸和笔，以备临时电话采访；联系时一定要有礼貌，时间要短。）访谈方式可以是面谈、电话访谈、QQ/微信访谈，最好是面谈。面谈前，采访者一般可以用已经从其他渠道了解的生涯人物的好消息轻松打开话题。之后就可以按设计好的问题开始访谈了。遇到生涯人物谈兴正浓时，采访者要乐于倾听，给生涯人物留出提供其他信息的机会。在访谈结束时，请生涯人物再给自己推荐其他相关的生涯人物。这样就可以以滚雪球的方式拓展访谈人物。

4. 访谈结果分析

在一个职业领域采访三个以上的生涯人物后，用职业信息加工的观点来分析，对照之前自己对该职业的认识，找出主观认识与现实之间的偏差，确定自己是否适合这一行业、职业和工作环境，是否具备所需能力、知识与品质，形成书面总结报告，进而详细制定大学期间的自我培养计划。如果访谈结果与自己之前的认识出现严重脱节，就有必要进入另一个职业领域开展新一轮生涯人物访谈。

5. 注意事项

(1)访谈前要做好充分准备。采访前为自己准备个“30秒的广告”，因为在访谈过程中生涯人物可能会问采访者的职业兴趣和求职意向。面谈前，应征求生涯人物的意见，视情况对谈话进行录音，或书面记录，或不记录。

(2)访谈结束后的安排。访谈结束后,对于不允许访谈现场记录的内容应迅速补记。一天之内,要通过合适的方式表示感谢。

(3)访谈礼节。面谈一定要守时、简洁,不浪费他人时间。访谈过程中要注意着装和仪表,态度和蔼、大方;要文明礼貌,措辞得体;尊重被访谈者,注意保护他们的信息安全和个人隐私。

(二)大学生职业生涯规划大赛

全国大学生职业生涯规划大赛是由教育部指导,全国高等学校学生信息咨询与就业指导中心主办的面向全国大学生的大型赛事,是目前涉及范围最广、影响力最大的大学生活动之一。大赛组织了来自各行各业的千人专家评委团,为选手提供全方位职业生涯规划与指导。全国比赛的选手由各省(区、市)选送。各省按照全国比赛的总体要求,各自开展省级比赛。下面以第十二届浙江省大学生职业生涯规划大赛为例对该赛事作一简要介绍。

第十二届浙江省大学生职业生涯规划大赛

1.大赛主题

大赛主题:创新放飞梦想　创业成就人生。

2.大赛宗旨

深入贯彻全国和全省教育大会精神,以立德树人为根本任务,充分发挥"以赛促学、以赛促教"的积极作用,进一步深化大学生职业生涯规划教育和创新创业教育,提升大学生职业生涯规划能力,激发创新思维,提高创新能力,促进高校毕业生更高质量就业创业。

3.组织机构

大赛成立第十二届浙江省大学生职业生涯规划大赛组委会办公室(以下简称

组委会办公室)，负责统筹协调、组织实施第十二届浙江省大学生职业生涯规划大赛的各项工作。大赛将邀请高等院校、科研院所、行业企业和大学科技园等职业生涯规划与创新创意领域专家，负责项目的评审工作。

4.大赛分类

大赛设职业规划类和创新创意类两个类别，每个类别分本研组和高职高专两个组别。其中，职业规划类以培养生涯规划能力为目的，以选择具体职业就业为目标；创新创意类以培养创新意识和创新思维为目的，以科技创新、文化创意为导向。

5.参赛对象

参赛作品(项目)的申报人必须为浙江省普通高校全日制在校学生(含留学生，下同)。职业规划类作品以个人形式申报，创新创意类项目以个人或团队的形式申报(每个团队成员不超过4人)，每个作品(项目)指导教师不超过3人。大赛鼓励参赛者跨院校、跨专业，自行组成学科优势互补、专业配备科学、人员结构合理的团队。跨院校项目只能明确一个申报主体院校。已经获得浙江省大学生创新创业大赛另三项赛事金奖、一等奖等最高奖项的，不得参与本赛事。

6.参赛作品(项目)要求

(1)所有参赛作品(项目)必须符合大赛的主题和范围，不得与国家相关法律、法规和科技伦理相抵触，不得与立德树人导向相违背。

(2)所有参赛作品(项目)必须是原创作品或获得合法授权，不能侵犯他人知识产权如著作权、版权、肖像权、名誉权、隐私权等，不能存在任何法律纠纷。

7.大赛安排

大赛分校级初赛、省级复赛和省级决赛三个阶段。相关文件和材料可通过浙江省大学生网上就业市场(以下简称网上就业市场，网址：www.ejobmart.cn)查阅或下载。各阶段安排如下：

(1)初赛阶段(2020 年 6—9 月)

初赛由高校组织实施。各高校要设立大赛组委会、评委会等组织机构,认真做好本校赛事的宣传和组织工作,积极推荐优秀作品(项目)参加省级复赛。同时,要认真按照比赛要求做好参赛作品(项目)的审查把关工作,杜绝弄虚作假等行为发生。

(2)复赛阶段(2020 年 10 月中旬)

全省复赛的作品(项目)名额为 640 个,其中职业规划类每组各 200 个,创新创意类每组各 120 个(根据分配的实际情况进行微调)。各高校推荐参加复赛的作品(项目)名额根据学校在校生人数比例确定(独立学院单列)。

组委会办公室将组织专家根据《书面作品评分标准》对参赛作品(项目)按职业规划类和创新创意类四组逐一评分,遴选出职业规划类各组 50 件作品和创新创意类各组 30 个项目晋级决赛;评选出职业规划类各组三等奖作品 50 件,创新创意类各组三等奖项目 30 个;其余作品(项目)为优胜奖。复赛结果将在网上就业市场公布。

(3)决赛阶段(2020 年 11 月中旬)

晋级省级决赛选手须在决赛前提交参赛作品电子版和纸质版(黑白打印简装一式 6 份)、PPT 电子版、项目展示板电子版(创新创意类选做)。进入决赛的作品(项目)名称、项目团队负责人、指导教师原则上与复赛时保持一致。

职业规划类决赛环节由主题陈述、职业体验感悟、现场答辩三部分组成,主题陈述限时 6 分钟,职业体验感悟限时 4 分钟,现场答辩限时 5 分钟。主题陈述主要从自我认知、职业认知、职业决策、发展计划与路径以及自我监控等方面进行阐述。职业体验感悟部分要求参赛选手充分了解目标职业,明晰职业要求和展现个人职业能力,表达形式不限。

创新创意类决赛环节由主题陈述、现场答辩两部分组成,主题陈述限时 8 分钟,现场答辩限时 5 分钟。主题陈述主要从项目来源、应用领域认知、创新创意点、项目依据和发展前景等方面进行阐述。

评委根据《决赛评分标准》进行现场打分(计分采用去掉一个最高分和一个最低分后取平均分),各类各组按得分高低分别评选出一等奖和二等奖作品(项目),获奖名单将在网上就业市场网站公布。

第三章　大学生社会实践组织形式

当前，我国大学生社会实践发展取得了一定的成果。社会实践从自发、零散、规模小的义务劳动、夏令营考察团和社会调查等单一的内容和形式，发展到暑期社会实践，科技、文化、卫生“三下乡”活动，志愿者活动，社会调查和考察，社会服务和公益劳动等丰富的内容和形式。各级教育部门、共青团组织、学联和学生会也在社会实践中担起重任，设计和开展具有自身特色的实践活动。“走出寝室、走向操场；走出校园、走向社会”等各类主题性社会实践活动在全国高校范围内全面启动和广泛开展。

第一节　大学生社会实践分类概述

目前，虽然学者们关于大学生社会实践分类的研究很多，但尚未形成一致的观点，如表 3-1 所示。

表 3-1　大学生社会实践分类举例

序号	分类
1	覃干超在《大学生社会实践研究》中，将大学生社会实践分为实践教学活动、科学研究、社会调查、勤工助学、学生群众性组织活动及其他形式的社会实践活动
2	冯艾等在《大学生社会实践导读》中，将大学生社会实践分为学术实践、学生社团、志愿服务三大类

续表

序号	分类
3	胡树祥等在《大学生社会实践教育理论与方法》中，将大学生社会实践分为课程学习中的社会实践教育、校园社会实践教育、校外社会实践教育三大类
4	刘同国在其硕士论文《大学生社会实践活动状况与发展研究》中，将大学生社会实践分为教学实践类、服务实践类、科创实践类、调查实践类、公益实践类
5	李长松在其硕士论文《大学生社会实践创新研究》中，按大学生社会实践的组织形式与内容，将其分为主题类实践活动、专业类实践活动、创业类实践活动、服务奉献类实践活动；按大学生社会实践的组织者，将其分为由教学部门主管的教学性社会实践，由团组织主管的寒暑假及平时的社会实践活动，由学生处、勤工助学中心等主管的有偿性社会实践，由学生自己联系的自发性社会实践

虽然已有研究对于社会实践的内容和形式有很多的分类，促进了社会实践理论的发展，但是其存在的问题也显而易见。

第一，有的研究者对社会实践的内容和形式的划分缺乏明确的标准。例如，覃干超在《大学生社会实践研究》中，将大学生社会实践分为实践教学活动、科学研究、社会调查、勤工助学、学生群众性组织活动及其他形式的社会实践活动，并未指明划分标准，我们也很难根据他的分类找出划分标准。

第二，各分类之间没有明确的界限。例如，李长松在其硕士论文《大学生社会实践创新研究》中，按大学生社会实践的组织形式与内容将其分为主题类实践活动、专业类实践活动、创业类实践活动、服务奉献类实践活动。其中，主题类实践活动与专业类实践活动、创业类实践活动、服务奉献类实践活动存在一定的交叉。

第三，有些研究没有给每一个分类进行明确的定义，实践工作者很难将研究者未提及的社会实践活动进行归类，缺乏实际可操作性。

那么，大学生社会实践有哪些类型呢？本书反思了以往研究中存在的不足，总结经验，根据不同的分类标准提出了大学生社会实践的不同类型。

一、根据社会实践与专业的相关性来划分

根据社会实践与专业的相关性，可以将其分为专业性社会实践和非专业性社会实践。专业性社会实践是指与自己所学专业相关的、旨在提高大学生专业技能的社会实践活动，如理工科院校组织学生在工厂进行与本专业学习内容相关或相近的劳动实践，医学类院校组织学生到医院见习，师范类院校组织学生去中小学进行教学实践，文科类院校组织学生到对口单位进行专业实践，等等。非专业性社会实践活动是指与自己所学专业无关或几乎没有关系的社会实践活动，如大学生去从事一些体力劳动、公益活动等。大学生是一个特殊的群体，是肩负国家建设重任的人才，他们具有丰富的专业理论知识，应当充分发挥自己的专业特长选择合适的实习实践岗位。高校应当有机结合学生专业策划社会实践活动，建立良好的专业社会实践基地和团队，加强社会实践专业指导教师队伍建设，提高大学生社会实践的专业化程度。

二、根据社会实践的直接受益方来划分

根据社会实践的直接受益方，可以将其相对划分为自益型社会实践与公益型社会实践。自益型社会实践的直接受益方是大学生本人。例如，大学生通过勤工助学，不但可以减轻自己的经济压力，而且可以增加自己的实践经历。公益型社会实践的直接受益方是社会，包括青年志愿者活动、社会服务、公益环境保护活动、“三下乡”活动、“四进社区”活动等。自益型社会实践和公益型社会实践具有相辅相成的关系。学生参加自益型社会实践活动可以直接从中受益，但对于社会也会有一定的帮助，如减轻社会岗位因劳动力不足带来的压力、提高生产效率等。学生参加公益型社会实践活动，直接服务于社会群体，但从根本上来说学生参加公益型社会实践也有利于学生自身的发展，如增加其对社会的了解、培养其社会责任感等。因此，不论是自益型社会实践还是公益型社会实践都有助于大学生本人的发展和社会的进步。高校应当重视自益型和公益型社会实践活动，特别是公益型社会实践活动，可以有效促使学生形成正确的价值观，树立社会责任感。我们可以借鉴美国的服务性学习（service learning），该实践方法通过学校和社区的合作，将社区服务与课程学习联系起来，大

学生参与到有组织的服务行动中使其社会需求得以满足并培养社会责任感，同时获得知识和技能。

三、根据组织开展社会实践的主体来划分

根据组织开展社会实践的主体，可以将其分为学生自发型社会实践和学校组织型社会实践。

学生自发型社会实践是指大学生自发性地参与到社会实践活动中。例如，大学生利用网络自发地在51Job、智联招聘、大街网、百姓网等网上就业平台寻找实习机会，参与到社会实践中。大学生自发参与社会实践的途径还有很多，如大学生可以利用课余时间到工厂、农村、社区积极开展社会调查活动，可以登门拜访企业相关人力资源部门寻找实践机会，还可以通过各种招聘信息找到实践活动。

学校组织型社会实践是指由学校组织大学生参加到社会实践活动中。学校积极组织多个部门管理社会实践，按照主管部门不同可以分为由教学部门主管的教学性社会实践，如生产实习、教学实习、毕业实习等；由共青团组织主管的寒暑假及平时的社会实践活动，如挂职锻炼、志愿者服务、参观访问、社会调查、“三下乡”服务等；由学生处、勤工助学中心等主管的有偿性社会实践，主要有家教服务、推销工作等。

四、根据实践对象的属性来划分

根据实践对象的属性，可以将大学生社会实践活动划分为客体性和主体性社会实践活动。客体性社会实践活动是指以客观世界为直接作用对象而进行的物质活动或者说是“为主体创造对象的活动”，它包括实践主体改造自然、改造社会的各种活动。例如，公益活动、专业实习、较长时间的专业性社会实践、课外科技活动、勤工俭学活动、社会服务等。主体性社会实践活动是指实践主体以自身为直接改造对象的客观物质活动，或者说是“为对象创造主体的活动”，它以改造主体世界观为目的。例如，参观访问、调查研究、社会考察、社会宣传等。但在现实活动中，客体性与主体性社会实践活动是相互交叉与渗透的。

五、根据是否列入教学计划来划分

根据社会实践活动是否列入教学计划，可以将其分为教学计划内与教学计划外社会实践活动。教学计划内社会实践活动一般包括教学实验、专业实习、毕业设计、军事训练、生产见习及部分公益劳动和社会实践等，其形式包括：教学过程中的辅助课堂教学；经过一段时间教学之后为了印证所学理论知识和增进某些技能而开展的社会实践活动。教学计划外社会实践活动主要包括社会考察、科技文化服务、勤工俭学、社团活动及一些公益劳动等。与教学计划内社会实践活动相比，其具有以下特点：大多以政治思想教育为目的，主题选择较为广泛，不一定要与专业学习挂钩；组织形式较为灵活，可以是集体形式，也可以是小组形式甚至是个人形式；相当一部分活动在教育目的之外还可以产生一定的经济效益，如勤工助学、科技服务等。

六、根据组织社会实践时间的集中程度来划分

根据组织社会实践时间的集中程度，可以将其分为集中性实践活动和分散性社会实践活动。集中性社会实践活动主要有暑期社会实践、军训、公益劳动、教学实习等。集中性社会实践活动内容丰富、领导重视、时间集中、组织有保障，学生能受到深刻的教育。分散性社会实践活动主要有街头宣传、便民服务、课外科技活动、勤工助学活动、志愿服务等。这种形式的特点是时间分散、细水长流，其实践的深度虽不如集中性社会实践活动，却使同学们与社会的接触经常化。

此外，社会实践还可以根据是否具有报酬分为有偿社会实践和无偿社会实践；根据与现实世界的关系可以分为传统社会实践和网络虚拟社会实践；等等。由于分类的方法不可穷尽，本书不再一一进行赘述。

第二节　独立型

独立型是指大学生自发地、独立地参加社会实践活动，社会实践活动的内容、形

式比较丰富多样，是一种具有多样化特点的组织形式。

大学生自发参与社会实践的途径有很多。例如，有的大学生参加勤工助学活动；有的大学生利用网络自发地在各大网上就业平台寻找锻炼机会，通过各种招聘信息找到实践活动，或登门拜访企业相关人力资源部门寻找实践机会，参与兼职活动；还有的大学生利用课余时间开展课外科技活动和课外创业活动。

独立型社会实践活动要求大学生独立地去发现问题、提出问题、分析问题、解决问题以及完成相关的问题解决报告。在这项活动中，大学生脱离了对教师以及他人的依赖，能够独立地进行思考与展开活动。因此，独立型社会实践活动对于大学生的创新精神和实践能力的培养具有重要的意义。当然，独立型社会实践活动这一综合实践活动的组织形式，比较适合独立学习能力强的学生。即使是那些独立开展综合实践活动有一定困难的大学生，若他们在教师的指导下能较为独立地完成实践活动，对他们来说这也是非常有价值的。但是，独立型社会实践活动也有不足之处。这种实践方式易流于形式，且大学生的人身安全得不到保障，得到的锻炼范围也较为狭窄。

一、勤工助学

勤工助学是指大学生利用课余时间，参加体力或智力活动，获得一定的劳动报酬，以资助自身继续学习的实践活动，是社会实践活动的一种有偿形式。如担任家庭教师、承担家用电器修理工作、在宾馆和饭店从事服务性工作等。

勤工助学大体上可以分为以下四种类型：一是劳务型，即参加打扫实验室、清理校园、搬运和安装仪器设备、抄写和打字等有偿劳动。二是智能型，即利用课余时间进行技术开发、软件开发、工程设计等有偿的智力劳动。三是服务型，即学生利用课余时间担任家庭教师，从事一些面向社会的服务性活动，领取相应劳动报酬，如学生利用课余时间在学校为学生开办的商店、餐馆、书店充当售货员、服务员等。四是管理型，即学生利用课余时间参加学校的一些有偿管理工作，如应聘担任学生宿舍楼的副楼长、学生食堂副管理员、图书馆兼职管理人员等管理职务，领取相应劳动报酬。学校在组织勤工助学活动中，一般优先安排生活困难、学习刻苦的学生。勤工助学活动既有利于培养学生的自强自立、热爱劳动、艰苦奋斗的精神，树立参与意识，锻炼工作能力，也有利于家庭困难的学生减轻家庭负担，顺利完成学业。

二、大学生兼职

大学生兼职是我国高校普遍存在的一种社会现象，是大学生基于自身意愿参与社会建设的一种有偿性实践活动。大学生一般是由于经济压力、就业压力被动地接受或者怀着主动锻炼、增长见识、主动参与的动机参与兼职实践活动。兼职实践分为校内实践和校外实践两种，校内实践主要是由学校提供的诸如宿舍管理、楼道巡查、图书整理、超市营业、教师助理等岗位；校外实践则比较复杂，既有学校勤工助学中心联络组织的，也有大学生自己联系的，包括传单发放、海报粘贴、家教服务、行业实践等岗位。总的来说，大学生兼职实践主要有家教服务、调查员、公关礼仪人员、产品推销员、传单发放员、会计、翻译等类型。

大学生兼职实践的理论基础主要是马克思主义关于人的全面发展理论。该理论认为兼职实践是提高社会生产和实现大学生全面发展的重要途径。同时，该理论认为人的发展应该是实现各种需要、素质、能力、活动、关系的统筹的、全面的发展，这种发展既有精神和物质方面的全面发展，也有人的能力的全面发展。大学生兼职实践也有其社会层面的因素，为了适应我国社会转型带来的变化和促进自身的社会化，很多大学生选择通过兼职的形式尽早接触社会、适应社会，为将来的就业创造条件。通过兼职实践大学生可以拓展自己的视野，增加自己的社会经验，养成良好的生活、工作习惯，提高自身语言表达、人际交往、逻辑判断和就业竞争等能力。

兼职实践为高校学生教育注入了新的气息、新的活力，起到增强学生忧患意识、端正学生学习态度、扩大学生接触面与知识面、科学定位自我发展等积极效应。但是，兼职实践也存在兼职与学习矛盾突出、兼职缺乏目标定位、职责规范漏洞多、学校管理缺失、学生自主意识差等问题。为了解决好这些问题，实现大学生兼职实践的良性发展，需要积极推行高校大学生兼职教育，以提高大学生对社会的观察、辨别能力；要加强大学生兼职实践的基地化建设，实现大学生兼职的良性管控；要加强相关机构的配置和管理，实现学校学工部、就业指导中心、勤工俭学中心等机构对大学生兼职的有效指导；要关注弱势学生群体，帮助他们解决好生活困难和找到合适、安全的兼职工作；要加强大学生思想政治教育工作，帮助大学生树立正确的世界观、人生观、发展观；要坚持校内兼职与校外兼职相结合的原则，积极为大学生兼职实践创造条件。

三、课外科技活动

课外科技活动是指大学生利用课余时间参与到和农业科学、医药科学、工程与技术科学、人文与社会科学等科技知识的产生、发展、传播和应用密切相关的、有组织的、系统的科技活动中去。如为企事业单位解决技术难题或管理问题，为各类社会部门和单位提供计算机技术支持或开发信息管理系统软件以及从事制作、发明、革新等创造性活动。具体而言，对社会科学和管理科学类专业的大学生来说，课外科技活动是指利用课余时间进行的专题调查研究或理论探讨活动。对于其他专业的大学生来说，就是利用课外实践积极参与和本专业密切相关的科学探索活动。

课外科技活动是一个能充分发挥大学生主动性、创造性的领域，有助于培养大学生热爱科学、积极探索、踏实肯干、大胆创新的精神，有助于培养大学生的动手实践能力。

四、课外创业活动

课外创业活动是指高校大学生个人或团队利用课余时间制定创业计划并付诸实施的活动。这项活动对培养学生创新精神、创业精神、团队意识有重要的作用，受到青年学生的广泛欢迎。近几年兴办的大学生创业计划大赛已经成为高校一道闪亮的风景线，引起了社会各界特别是新闻界和企业界的密切关注，并已取得显著的成效，涌现出了许多非常好的创作及新型实用技术或发明专利。

创业实践是大学生个体实践的重要组成部分，是实施创业教育的重要环节，是一种最能体现创业教育特点和性质、最能激发大学生潜能的教学活动方式。1998 年 10 月，联合国教科文组织在巴黎召开了世界高等教育大会，发表了《21 世纪的高等教育：展望与行动世界宣言》，明确提出为促进毕业生就业，培养创业技能与主动精神应成为高等教育主要关注的问题。21 世纪是知识经济的时代，是机遇与挑战共存的时代，是需要不断创新与发展的时代。大学生创业实践的可行性在于我国知识产业迫切需要有丰富知识和创新意识的大学生加入，我国产业结构的调整和科技的创新也需要年轻气盛、思想活跃的大学生参与，需要大学生承担起创新发展、科教兴国、民族复兴的重任。此外，受过高等教育且掌握丰富创业资源的大学生，有着开展创业的主观条件和能动性。大学生创业实践的必要性在于，这是社会变革和经济发展的客观需要，是解决大学生就业问题、促进就业的现实需要，是支持国家建设和运用好国家政策支持的本质要求，是应对社会需求多样化的现实需求。

在美国，对于大学生创业实践，不但政府、高校高度重视，而且社会也给予了广泛的认同和支持，形成了“创业计划”竞赛、“合作计划”项目和假期打工活动等形式。多年来的实践取得了良好的实施效果，带动了许多新企业的诞生，掀起了社会重视创业、创新的良好氛围，拉动了美国经济的发展，实现了课堂教学与课外实践的有机结合，促进了创业教育的开展，引领了世界高等教育的发展。美国大学生创业实践的成功给了我们启示，要正确认识和把握好大学生创业实践的内涵，要认识到创业的过程实际上就是全面提高和磨炼大学生面对社会、面对挫折困难、面对商业操作的综合素质与能力的大课堂。

由共青团中央、中国科协、教育部和全国学联、地方各级人民政府共同主办的全国性的大学生课外学术实践竞赛——“挑战杯”全国大学生系列科技学术竞赛（简称“挑战杯”系列竞赛），就是国内著名大学、新闻媒体联合发起的一项具有导向性、示范性和群众性的全国竞赛活动。“挑战杯”系列竞赛在中国共有两个并列项目：一个是“挑战杯”全国大学生课外学术科技作品竞赛，另一个则是“挑战杯”中国大学生创业计划竞赛。这两个项目交叉轮流开展，每个项目每两年举办一届。

（一）“挑战杯”全国大学生课外学术科技作品竞赛

国内自 1989 年首届“挑战杯”全国大学生课外学术科技作品竞赛（简称“挑战杯”科技竞赛）举办以来，该竞赛始终坚持“崇尚科学、追求真知、勤奋学习、锐意创新、迎接挑战”的宗旨，在促进青年创新人才成长、深化高校素质教育、推动经济社会发展等方面发挥了积极作用，在广大高校乃至社会上产生了广泛而良好的影响，被誉为当代大学生科技创新的“奥林匹克”盛会。

“挑战杯”科技竞赛已成为吸引广大高校学生共同参与的科技盛会。从最初的 19 所高校发起，发展到 1000 多所高校参与；从 300 多人的小擂台发展到 200 多万大学生的竞技场,“挑战杯”科技竞赛在广大青年学生中的影响力和号召力显著增强。

“挑战杯”科技竞赛已成为促进优秀青年人才脱颖而出的创新摇篮。“挑战杯”科技竞赛的获奖者中已经产生了6位国家重点实验室负责人、20多位教授和博士生导师,其中70%的学生获奖后选择继续攻读更高层次的学历(近30%的学生选择出国深造)。他们中的代表人物有:第二届“挑战杯”科技竞赛获奖者、国家科技进步一等奖获得者、中国十大杰出青年、中星微电子集团创建人邓中翰;第五届“挑战杯”科技竞赛获奖者、科大讯飞股份有限公司总裁刘庆峰;等等。

“挑战杯”科技竞赛已成为引导高校学生推动现代化建设的重要渠道。成果展示、技术转让、科技创业,让“挑战杯”科技竞赛从象牙塔走向社会,推动了高校科技成果向现实生产力的转化,为经济社会发展作出了积极贡献。

我国香港、澳门、台湾地区众多高校亦积极参与该项竞赛,派出代表团进行观摩和作品展示。该项竞赛成为中华青年学子展示创新风采的舞台和增进彼此了解、加深相互感情的重要途径。

(二)“挑战杯”中国大学生创业计划竞赛

创业计划竞赛起源于美国,又称商业计划竞赛,是风靡全球高校的重要赛事。它借用风险投资的运作模式,要求参赛者组成优势互补的竞赛小组,提出一项具有市场前景的技术、产品或服务,并围绕这一技术、产品或服务,以获得风险投资为目的,完成一份完整、具体、深入的创业计划。

大力实施科教兴国战略,努力培养广大青年的创新、创业意识,造就一代符合未来挑战要求的高素质人才,已经成为实现中华民族伟大复兴的时代要求。作为大学生科技活动的新载体,“挑战杯”中国大学生创业计划竞赛(简称“挑战杯”创业竞赛)在培养复合型、创新型人才,促进高校产学研结合,推动国内风险投资体系建立方面发挥出越来越积极的作用。“挑战杯”创业竞赛已经形成了国家、省、高校三级赛制,广大高校以“挑战杯”创业竞赛为龙头,不断丰富活动内容,拓展工作载体,把创新教育纳入教育规划,使“挑战杯”创业竞赛成为大学生参与科技创新活动的重要平台。

自1998年清华大学举办第一届“挑战杯”中国大学生创业计划竞赛开始,中国大学生创业的热情在全国高校蔓延开来,国内各高校纷纷效仿这一做法,取得了一定的成绩,但同时也存在不少问题。问题主要表现在:其一,大学生创业成功率低、误区多。失败的典型类型有眼高手低型、不知深浅型、投机取巧型、三心二意型等。其二，高校创业教育缺失，缺乏必要的指导。高校缺乏对大学生创业的心理干预、创业知识技能的辅导、创业实践能力的训练等。要想做好大学生创业实践工作，首先，各大高校要做好以下几方面工作：搞好创业教育，推动高校创业教育课程良性发展；积极推行高校大学生兼职教育，以提高大学生对社会的观察、辨别能力；对大学生创业进行精神理念层面、知识技能层面、实践操作层面、环境支持层面的教育；以 KAB(know about business)课程为核心，编写相关的辅助性教材，并进行相关的教育和培训。为提高学生的创业理论知识水平，清华大学开设了创业管理、创业财务管理、公司成长管理、技术战略、技术创新管理、创业投资管理、新产品研发等课程，各大高校可以借鉴清华大学的做法，加强对大学生创业的理论指导工作。其次，各大高校要积极构建多形式的校企合作模式，实现大学生与企业联姻式、合作式、嵌入式、互动式、连锁加盟式的合作。最后，各大高校要加强大学生创业实践基地的建设工作，营造良好的校园、社会环境氛围。要构建多功能的创业实习、创业见习、社团创业等基地，充分发挥它们的优势和作用，为培育创新型、应用型、知识型的适应社会需要的高素质人才服务。

大学生独立参加社会实践活动，具有很强的积极性，但是在实践过程中缺乏专业指导，因此独立型组织形式的社会实践作用就不能很好地发挥。

第三节 专业型

专业型是指大学生参加专业相关性较高的社会实践活动，以专业实习和挂职锻炼为主要活动内容的组织形式。

专业实践活动又称专业实习，指大学生在校期间，结合专业特点和课程，深入企事业单位等实际工作环境中，将所学知识运用于实践中，完善知识结构，培养专业技能的过程。其形式与内容因专业不同而有很大区别，这是一种有效地检测自己专业知识的手段。通过该形式，大学生们能得到专业指导，更深刻地了解行业形势，如北京科技大学的学生到中国电信某分公司开展就业实习等。

一、专业实习

素质教育到了大学阶段，更多的是体现在专业实践能力上。因此，教师将对学生专业实践能力的培养寓于专业课程的教学中就显得非常必要。于是，在课程考核中加入实践教学内容成为越来越多的教师的选择，其所占比重则视教学内容而定。专业实习可分为较短时间的专业见习和较长时间的毕业实习两种主要类型。专业见习是在教师指导下参与一些专业技能实践活动，渗透在专业实践教学课程中。由专业课教师联系或带领学生进入相关的部门、单位或社区，按照实践课程的要求参与实践活动，这对大学生的能力素质既是一次检验，又是一次锻炼与提高。

除专业见习之外，大学生可在毕业设计（论文）之前，至少集中一个月的时间，到专业对口单位进行毕业实习实践。由于实践时间较长，以普通工作人员的身份进行跟班学习和工作，大学生对自己的专业以及未来工作会有一个更深刻的认识，同时角色的变化也有效地增强了大学生的社会责任感，较长时间的跟班学习和工作也为发挥学生的业务专长提供了平台。

当然，在强调专业实习的同时不可忽略专业理论知识的作用。不同类型学科的专业实习是存在一定差异的。

对于理工科专业的大学生来说，专业实验、专业认识学习、专业课程设计、生产实习等实践活动是培养大学生专业实践能力的重要环节，其实施内容、方式、考核方法对大学生的专业能力培养和训练有着重要的影响。然而理工科专业传统的实验与实践方式过于简单、陈旧，实习、设计等形式较为单一，往往很难适应学科的发展。虽然其实施过程能够提高大学生对专业知识的熟练程度和一定的发现、分析、解决问题的能力，但对培养大学生创新性思维和解决实际问题的能力作用有限。因此，关于实验与实践方式的改革就被提上了议程。

对于经管类专业的大学生来说，专业实践更偏向于与具体的企业业务相联系，很多专业理论学习必须与具体业务相结合。然而在校大学生直接面对市场中的企业，若想成功获得实践机会又存在一定的难度。因此，需要校方与院系建设一定的学科实践基地。

文科类专业的大学生往往需要直面社会，其专业知识无论是反映历史还是现状，都是在试图反映与分析社会问题，并力图使社会能合理运行。因此，专业实习对于大学生准确把握本专业的发展方向并有效运用专业理论知识解决实际问题相当有帮助。文科生的专业实习大致可以分为学术性的调研和在企事业单位的实习两大块，不过这两者有时又是相互交织的。学术性的调研并非纸上谈兵，而是运用专业知识，通过对历史与现实社会的充分调查，获得的大量第一手资料，并据此分析得出自己的见解或是加深对前人观点的认识；而在企事业单位的实习又是另一层面对于专业知识的操作化的理解。社科类专业的理论学识可以广泛应用于很多领域，这恰恰为这些专业的学生的实习提供了广阔的舞台，并可能会对社会的发展产生良性影响。

对于医学类专业的大学生来说，由于其专业技术要求高、实践性强，因此专业实践成为其专业学习中不可或缺的环节。医学类专业的设立不仅需要专业知识过硬的教师，还需要专门的实践场所和器械设备。医学实践的专业化要求使得其只能在专门的场所，在专业教师或医师的指导下，才能进行专业的实践。也只有在软、硬件设施完备的情况下，医学生才能进行有效的专业实践，进而在医学实践中提高医疗操作能力与技术熟练度。

从广义上讲，聆听专业学术讲座、参与教师的科研项目、开展创新实践的科研活动、撰写专业论文等，都属于专业实习的范畴。其中，各级院系组织大学生参与各类学术讲座，是帮助大学生了解各学科的发展前沿的有效途径；组织大学生参与教师的科研项目或参加创新实验室的建设等，是拓展大学生专业视野的重要手段。此外，学生可根据自身的兴趣、爱好，成立课外科技活动小组，开展创新实践的科研活动，如开展查新活动、撰写综述报告等，还可在反复实验的基础上，在教师的指导下撰写专业论文。这些活动的开展，有利于大学生专业素养的提升。

二、挂职锻炼

挂职锻炼是指大学生结合所学专业和研究内容，到企事业单位、政府机关或科研院所进行挂职，参加科学研究、社会管理、科技创新、技术攻关、制度创新等。挂职锻炼可以使大学生了解社会和企业的实际需求，增强他们的使命感和责任感，激发他们的创新意识，提高他们的创新水平和创业能力。

专业型社会实践活动有助于学生专业水平、业务能力的提高，有助于提升毕业设计（论文）的水平，也有助于提高毕业生的综合素质和择业就业水平。

第四节 社团型

社团型是指大学生以院、校社团的实践活动为载体，以社团成员的身份参与社团相关实践活动的组织形式。

社团作为校园文化建设的重要组成部分，是大学生认识生活、思考人生、探知社会的桥头堡。社团活动形式多样、内容丰富，大学生们可以根据自己的兴趣、爱好和发展意图，进行多项选择，合理取舍，有很大的主动性与创造性。社团活动对于完善大学生的知识结构、提升解决问题的能力具有一定的作用。

目前，全国各大高校的社团组织数量多，社团的社会实践活动类型多样，涉及面较广。社团、协会作为第一课堂的延伸，为学生提供了课堂上学不到的东西，满足了大学生了解社会的需要，并为他们表现自己、锻炼自己提供了有益的活动场所，是大学生们接触社会、适应环境、发展自我的主要途径。

以社团为一个单位进行实践活动是一种比较理想的综合实践活动组织形式。它最大的优势在于其开放性和参与性，在团队内部成立组织机构，如外联、宣传报道、安全负责等，各机构分工明确，做到人人有事做、事事有人做。它能够让个人在与社团成员合作的过程中，完成个人独自难以完成的任务，能够有效地培养团队协作、组织协调能力和人际交往能力。

一、青年志愿者活动

青年志愿者协会是高校开展社会实践活动比较多的一类志愿服务性质的社团。大学生积极响应共青团中央号召，利用课余时间和节假日开展了形式多样的青年志愿者活动。青年志愿者活动为社会的文明、进步作出了巨大的贡献，同时青年自身的实践能力在活动过程中也得到了锻炼。

大学生志愿服务是大学生走出校园，志愿投身社会公益性服务的系列活动，如共青团中央于2003年开始实施的大学生志愿服务西部计划，以及青年志愿者扶贫接力计划，大型经济、体育、文化活动，抗震救灾、抗洪救灾及社会各种公益性服务活动等。在北京奥运会、G20峰会、新冠疫情防控等工作中，大学生志愿者以爱国主义的激情勇担社会责任，体现了当代大学生过硬的思想政治素质和良好的精神风貌。习近平总书记曾多次鼓励志愿者并肯定志愿者工作。2019年7月，习近平总书记致信祝贺中国志愿服务联合会第二届会员代表大会召开时提出，“希望广大志愿者、志愿服务组织、志愿服务工作者立足新时代、展现新作为，弘扬奉献、友爱、互助、进步的志愿精神，继续以实际行动书写新时代的雷锋故事”。2020年2月，习近平总书记在统筹推进新冠肺炎疫情防控和经济社会发展工作部署会议上讲道，“广大志愿者等真诚奉献、不辞辛劳，为疫情防控作出了重大贡献”。大学生志愿服务活动有利于磨砺大学生的意志，能够让大学生在奉献中展示才华，不断提升自我价值，并树立强烈的社会责任意识。

另外，公益劳动、环境保护主题等志愿服务也是常见的活动内容。公益劳动是指大学生按照社会实践的教育要求参加公益性质的实践活动。一般在低年级大学生中可以安排一至两周公益劳动，如组织大学生参加重点工程建设、参加校外的植树绿化劳动、清扫环境卫生等活动。由于公益劳动属于较艰苦的体力劳动，有利于培养大学生的劳动观念、劳动习惯，使大学生树立珍惜劳动成果、尊重劳动人民的思想，形成爱国爱校的良好风尚。环境保护一直是社会热点话题之一，许多高校组织大学生走出校门、走向社会，进行生态环境保护和环境调查，利用主题讲座、摄影展览和文艺晚会等形式宣传环境保护观念，唤起广大民众对环境保护理念的认识。比如，高校组织广大环境保护爱好者利用假期对河水质量及污染状况进行调查，并聘请学校有关专家对治理污染问题提出建设性意见。

二、其他类型社团服务

大学生社团的类型比较广泛，因此涉及的社会实践活动类型也多种多样。例如，社团组织社团成员利用节假日或平时课余时间走入社会，开展或参加各种义务服务活动进行社会服务。常见的有街头宣传（宣传交通法规、环境保护等）、便民服务（修理电瓶车、修理家用电器等）、咨询服务（技术咨询、心理咨询、法律咨询、医疗咨询、业务咨询、管理咨询等)、技术服务(计算机使用、新工艺和技术的推广等)、医疗服务(量血压等常规身体检查,宣传防病治病知识、用药常识、保健知识等)、演出服务(送戏上门、中秋晚会、义务献演、汇报演出等)、管理服务(为企业的管理出谋献策等)、政法服务(法律知识的宣传、参加案件审理等)。

这种实践形式的特点是时间分散、细水长流、不取报酬。实践的时间虽不够集中,却能够使大学生与社会的接触更加频繁,拓宽了与社会沟通的渠道,有利于大学生树立为人民服务的思想,培养助人为乐的精神,不断增强社会责任感。相对于独立型社会实践而言,社团型社会实践具有更良好的组织协调性。就社会实践活动的内容而言,社团型社会实践活动兼具社团组织的特色,也更能发挥大学生的主观能动性和积极性。由于不同社团负责人的组织协调能力以及团队的合作程度不同,因此社团型社会实践活动的质量和成果有时会存在很大的差别。

第五节　基地型

基地型是指大学生或高校学生组织以院校建立的大学生社会实践基地为依托,形成相对固化的关系,长期而稳定地参与社会实践基地相关活动的一种社会实践组织形式。各级院校可积极与城市社区、农村乡镇、爱国主义教育基地、企事业单位、社会服务机构等联系,建立长期合作、共同发展、双方共同受益的社会实践基地,结合实践基地的特点,以大学生的锻炼成长为出发点,开展教学实践、志愿服务、公益活动、生产劳动等类型活动。各个基地之间,可以就资源进行充分共享。

基地型的社会实践活动,既可开展生产劳动锻炼,又可进行思想政治教育;既训练了大学生的专业技能又使其体验了社会角色,从而实现全方位教育的优越性。

建立大学生社会实践基地之所以能够得到社会各方面的支持和大学生的欢迎,具有强大的生命力,其最根本的原因就是它符合社会主义现代化建设的需要和青年学生成长成才的要求。建立社会实践基地,把课堂知识的学习与火热的现代化建设实践有机结合起来,有利于大学生树立为现代化建设献身的思想,有利于尽快培养现代化建设需要的复合型人才。社会实践基地还具有长期性、稳定性的优点。广大同学在基地的活动,可以有较长的时间在固定的地点运用所学知识,研究和解决实际部门所面临的一些课题,从而克服了那种浮光掠影、蜻蜓点水式的突击活动的弊端,使社会实践活动更加符合实际，趋于经常化和制度化。实际上，这也使学生与社会的接触更加密切，与现代化建设实践的结合更加紧密。

由于社会实践基地具有多种功能，因此可以在基地中开展内容丰富、形式多样的活动，从不同侧面使大学生受教育、长才干，从而收到多种效果。

一、建立社会实践基地的意义

社会实践基地是大学生在实践中再学习的新课堂。在社会基地实践活动开始时，有的大学生担心参加社会实践活动会影响课堂学习，有的大学生也觉得时间宝贵，参加基地实践活动怕浪费时间。然而，当参加一段时间的实践活动后，他们会深深感到：社会实践基地的活动不但不影响课堂教学，反而是对课堂知识的深化和具体运用，所花的时间是很值得的。学生们从学校的课堂走向社会的课堂，把所学知识运用于实践，从而进一步明确了学习目的，端正了专业思想，增强了学习动力。

社会实践基地是大学生进行自我教育的良好形式。有许多大学生从中学时代起，就成为学校和家庭的“重点保护对象”。他们接触社会较少，社会责任感不强，实践能力较差。一些人还把上大学看成是自己凭本事奋斗的结果，自以为身价很高。因此，必须把他们从“自我”的小天地里解放出来，让他们投身于社会实践中，使他们在社会的大课堂里真正了解人生的意义。很多大学生在基地实践活动中体会到：人生的真正价值在于为社会的进步和人类的幸福作出贡献，如果离开社会主义现代化建设而空谈人生那就一文不值。只有置身于社会之中，亲身体会个人在社会中的地位，才能更加明确当代大学生所肩负的历史责任。

社会实践基地是大学生走与人民群众相结合道路的有效途径。走出学校，参加社会实践活动，向人民群众学习，是我国青年学生的光荣传统。学生们在活动中体会到，经常接触人民群众，能使自己的思想发生深刻的变化。因为，这不仅是知识和实践的结合，也是一种感情的交融。在人民群众中间，学生们感到生活的丰富多彩，汲取着无穷的力量，体会到人民群众对大学生所寄予的厚望。实践基地的实践活动让学生们深深体会到，要学到为人民服务的真本领，不但要向书本学习，向教师求教，也要面对社会，向人民群众学习。

社会实践基地是大学生进行社会实践活动的重要场所，是大学生走向社会、认识社会、服务社会的桥梁。应当说，大学生社会实践基地是培养“准职业人”的地方，是大学生进入职业生涯的跳板，或者是小试牛刀之地，这也是党和国家所重视的实施大学生培养计划的重要组成部分。以革命传统教育为主题的社会实践活动，主要是参观考察革命圣地、解放区等在中国社会变革中有重大影响的地方，通过缅怀革命先烈，忆史铭志，实现思想政治教育目的。如组织学生参观革命历史陈列馆、抗日战争纪念馆，或赴革命老区进行社会调查等活动，使学生近距离地体验革命先烈坚强不屈的斗争精神以及老区人民对英雄的拥护与爱戴，学生以书面的形式提交总结和感受，同时举行社会实践汇报会，向其他同学传播感受和体验，扩大师生接受革命传统教育的范围。

实践基地有着具体的含义和条件。第一，有稳定的实践场所；第二，有明确的实践教学的目的和内容；第三，有稳定的教师和辅助人员队伍；第四，有科研和技术生产活动；第五，有能因材施教地开发学生潜能的实践项目；第六，场所和设施能够满足教学需求。

二、社会实践基地的分类

根据实践基地所在的地域划分，其可分为本地的和外地的社会实践基地。本地的社会实践基地对短期与长期的社会实践都适用，外地的社会实践基地往往有着更为广阔的天地，基本上用于长期的社会实践。

就教学要求而言，实践基地大体有两类：一类是综合性基地，即可以承担多学科(专业)学生实习任务的基地；另一类是专业性基地，即一般只针对一两个学科(专业)需要而选定的基地。应当说，这两类实践基地目前都广泛存在，并没有什么优劣之分。虽然说会有各种条件和要求，但是在基地的建设过程中，又会因地制宜，根据不同专业特点而具备一定自主性。

发展至今，大学生社会实践基地已经涉及多个领域，既有与学校建立经常性协作关系的街道、社区、企业单位等，可作为学校组织学生进行参观、考察、学习、锻炼等的综合性基地，也有革命遗址、主题教育纪念馆等红色教育型基地等。

三、建立社会实践基地的步骤

建立社会实践基地一般包括以下五个步骤。

第一，在建立社会实践基地之前，首先要明确建立基地的目的、意义。只有明确了目的、意义之后，才能使基地建设有实际效果，避免做表面文章，走形式主义。

第二，分析高校自身的专业结构及特点，确定一批服务项目，以便使基地能够受益。

第三，选择社会实践基地要考虑以下三方面因素：一是社会实践基地要有一定代表性，如选择改革开放成就突出的地区、贫困地区、革命老区等作为基地，使基地对学生富有教育意义；二是不要给作为社会实践基地的所在单位造成太大的压力或负担，避免影响其正常的生产或工作；三是地点不要选得太远，要本着就近就便的原则。

第四，研究制定社会实践基地建设的周密计划。该计划一般包括以下四方面的内容：一是社会实践基地开展工作的近期目标及长远目标；二是如何把教育教学内容同社会实践基地实践活动内容有机地联系起来；三是如何对社会实践基地的活动进行有效管理、领导及考核；四是如何有效地筹集并运用社会实践经费。

第五，把社会实践成果带回学校，并有效地运用社会实践的成果。社会实践基地有无生命力，关键看三点：一是学生在社会实践的过程中有无真正的思想收获，并且能够把这种收获带到学校里来；二是基地的所在单位是不是能够真正受益；三是社会实践基地的建立与发展还需要社会各界达成共识。这种共识的确立，一方面要获得各方的支持，另一方面要靠学校把取得的成果广泛地向社会进行宣传。只有这样，才能使社会实践基地建设经常化。

四、确定社会实践基地时的注意事项

在确定社会实践基地时，需要处理好如下四个问题。

第一，确定社会实践基地时，要广泛调动基层团组织的积极性，充分发挥各级团委和团支部的作用。

第二，确定社会实践基地必须争得学校教育行政部门的同意和支持。凡在实践中能够持之以恒，并取得一定成果的基地，都是与教育行政部门的积极支持分不开的。各级团组织也经常向有关部门宣传建立社会实践基地的意义，征求学校领导对活动的意见，使基地实践活动纳入学校思想教育的轨道。

第三，确定社会实践基地的前提是学生与实践部门双方均自愿。即学生有兴趣、有热情，愿意参加；实践部门有需要、有课题，欢迎学生帮助解决。实践证明，“一头热”的基地一般不利于调动积极性，也不容易持之以恒，因此必须是“两厢情愿”。

第四，在选择基地时，地点要尽量就近就便；活动量以不使学生增加负担、不影响学校的正常教学秩序为宜。在活动中，不要急于出成果，更不要搞突击。

建立社会实践基地，有利于实践活动的连续化与经常化，有利于实践活动经验的总结和推广，有利于促进实践活动的不断创新。同时，基地型社会实践也为高校共青团工作打开了新天地，学生思想上存在的一些在校内不易解决的问题，可以通过参加基地型的社会实践活动得到比较好的解决。

第六节　任务型

任务型是指由上级下达社会实践活动任务的组织形式。这种组织形式多见于高校党团组织开展的大学生暑期社会实践，科技、文化、卫生“三下乡”活动和“四进社区”活动等。

此类型的社会实践活动内容丰富，领导重视，时间集中，组织有保障，学生能受到深刻的教育。这类实践活动能使学生们与社会的接触经常化，提高其热爱劳动、艰苦奋斗的意识，锻炼其工作能力。

一、暑期社会实践

暑期社会实践是20世纪80年代以来出现的发展最快、影响最大的社会实践方式，是指大学生利用暑期时间进行的相对集中的、大规模的、大面积的社会实践活动。其内容十分丰富，包括社会调查、社会服务、企业咨询、专业调研、科技扶贫、智力支乡、回乡考察、义务劳动、社会宣传、慰问演出等。一般每年暑期进行1～4周。

大学生往往以党支部或团支部为单位，成立暑期社会实践团，根据上级有关部门和团组织、学校党委关于开展社会实践的总体要求，结合院校的具体情况，开展暑期社会实践。为了组织好暑期社会实践，共青团组织的工作包括：一是要紧扣时代主题，结合学生实际，提出活动主题，使暑期社会实践富有针对性，易于收到实效；二是根据社会实践的主题，精心设计和安排活动内容，组织好活动的队伍，选好指导教师或带队干部，做好活动中的组织与思政工作，确保活动的效益；三是做好社会实践的成果交流总结和宣传推广工作；四是紧紧依靠学校党委和行政的领导，加强配合，形成合力。

二、科技、文化、卫生“三下乡”活动

科技、文化、卫生“三下乡”活动是高校持续多年的一项社会实践活动，并且已取得了可喜的成果。“三下乡”社会实践活动的内容包括：科技扶贫、企业帮扶、文化宣传、医疗服务、法律普及、支教扫盲、环境保护等。在实践中，大学生发挥自身的知识技能优势，深入农村乡镇、田间地头乃至农户家里，广泛开展支教扫盲、文艺下乡、科技普及等多种形式的志愿服务活动，受到基层干部和群众的欢迎。大学生通过以上这些贴近群众的社会活动，体察民情，了解社会，既锻炼了自身能力，又加深了对社会的认识。

三、“四进社区”活动

“四进社区”活动是大学生充分发挥知识文化优势，深入城市社区开展科教、文体、卫生、法律实践服务活动，宣传普及科学知识，增强居民法律意识，进一步丰富社区文化生活，满足城市人民群众不断增长的精神文化需求。

科教进社区：组织大学生在社区举办科普读书、科普讲座、科普竞赛等活动，通过办好社区科普宣传栏、制作科普公益广告、进行网上远程科普宣传等方式，宣传科学生活理念，普及科学生活知识，传播科学精神，破除愚昧落后习俗，提高社区居民的生活质量。

文体进社区：组织大学生发挥个人特长，利用社区各类文体设施，帮助社区组织

开展曲艺、歌咏、书画、体操、舞蹈等丰富多彩的群众性文体活动，进行文体骨干培训、建立社区图书馆等服务，在活动中弘扬传统美德，促进先进文化的传播。

卫生进社区：组织医学专业大学生为社区居民进行健康检查，开展卫生常识宣传咨询和常见病义诊，普及医疗卫生知识，为残疾人、孤寡老人、下岗职工和困难家庭等群体提供卫生保健服务，倡导健康生活的观念和实践。

法律进社区：组织大学生深入社区开展法律宣传工作，举办社区法制讲堂、法律咨询、志愿援助等活动，建立法制园地和社区法律学校等平台，向社区居民赠送法律知识读物，发放宣传资料，提高社区居民的法律意识，优化社区的法制环境。

任务型组织形式是五种基本形式（即独立型、专业型、社团型、基地型、任务型）中组织协调性最高的组织形式，能在较短时间内组织学生参与社会实践，也比较容易取得较好的成果。但近年来，各大高校暑期社会实践也存在着时间集中，活动内容同质性高等问题，对院校、学生的活动创新能力提出了更高的要求。大学生通过院校组织的途径参与社会实践，可以获得更好的专业指导，但主动性和积极性可能不高。因此，如何调动学生的主动性和积极性，是院校需要不断进行深入探索的课题。此外，有些院校没有整合资源，也没有有效管理社会实践活动，有些部门为了完成任务，存在走过场的现象。

通过前面的梳理，本书对上述五种社会实践组织形式进行了比较，具体如表 3-2 所示。

表 3-2　社会实践组织形式特点比较

组织形式	活动内容	活动开展形式	优点	缺点
独立型	学生个人自定，丰富多样	勤工助学、大学生兼职课外科技活动、课外创业活动	学生积极性高	专业性低
专业型	视学生专业而定	专业实习、挂职锻炼	专业性高，有利于学生专业能力、综合素质和择业就业水平等的提高	对于大学生综合素质的提升和复合型人才的培养，帮助不大

续表

组织形式	活动内容	活动开展形式	优点	缺点
社团型	由学生社团自定，丰富多样	由社团自定	学生主动性、创造性高，有利于学生社会责任感的增强	活动的质量和成果存在较大差别
基地型	由实践基地决定	由实践基地决定	有利于实践活动的连续化与经常化，有利于经验的总结和推广，有利于促进实践活动的不断创新	大学生的主动性和创造性有时较难发挥
任务型	上级下达	由教师或学生自定	专业性较高，活动质量和成果较好	学生主动性、积极性可能不高，资源没有得到有效整合

社会实践活动的组织形式多种多样，以上五种基本组织形式在具体的活动内容和开展形式上也会有不同程度的交叉与重叠，有的社会实践活动会有两种或两种以上的组织形式。另外，五种基本组织形式有各自的优缺点，大学生在进行社会实践时，要选择适合自身情况的组织形式来开展社会实践。

目前，社会实践已纳入高校教学计划，社会实践涉及的主体对象有学生、教师和学校，因此只有三方通力合作才是最为有效的途径。学生要深刻认识到社会实践的育人功能，积极主动地参与到社会实践中来，根据社会热点问题、专业和社会实践主题活动自主设计社会实践方案，开拓思维，力求创新，组织团队，申报课题。在社会实践过程中，教师要给予学生专业指导，带领学生将社会实践同专业研究结合起来，走一条专业化、项目化的实践之路；要发挥好榜样作用，带头参与社会实践，发扬不怕苦、不怕累的精神。学校要组织召开动员大会，加大宣传力度，制定社会实践奖惩机制，以激发学生的参与热情和激情；要整合资源，各个部门不能各做各的事，要建立社会实践专业小组，明确各自的职责、权限、利益，统筹管理社会实践项目，建立健全考核、监督制度；要在人力、物力、财力上给予最大限度的支持。只有通过三方协同合作，社会实践活动的开展过程才能更加顺利，社会实践的效果才能更加显著。

第四章　大学生社会实践过程管理

第一节　实践策划

社会实践项目的策划工作必须坚持育人为本的指导思想，坚持理论联系实际、课堂内外结合、集中分散结合、充分整合资源，促使学生受教育、长才干、作贡献的基本原则，充分发挥引领、指导、统筹与提升的作用。在大学生社会实践项目中，策划内容的合理性是十分重要的，对于整个项目的科学、有序开展具有重要的影响。大学生社会实践策划的确定是参与实践活动的思想、理论与知识的准备过程，也是培养当代大学生个人情操、思辨素质与动手能力的关键环节。

一、策划的意义

社会实践策划的确定是开展实践活动的前提和基础，是经过思考、斟酌，确定活动所要围绕或所要解决的中心问题而展开的。策划是社会实践的第一步，也是关键性的一步，实践策划决定着实践活动的方向、目标、内容、任务，也决定着活动的计划和步骤、采取的方法和途径等。社会实践策划直接关系到实践项目的价值、可行性（难度）等，具有重要的战略地位。社会实践策划不仅指导实践开展，同时对参与者的思想有一定的影响和教育作用。社会实践策划具有思想引领作用、内容指导意义、整体统筹意义及价值提升意义。

(一)思想引领

一个科学合理的社会实践策划,对大学生具有积极的思想引领作用,有助于引导大学生深入领会社会实践对个人综合能力的提升以及对个体成长成才的实际意义,有利于大学生深刻认识国家加强大学生实践能力培养的初衷。

(二)内容指导

一个科学合理的社会实践策划,对实践的具体内容具有指导意义。实践活动只有在明确的组织和引导下才能够有序、有意义地开展,好的策划是实践活动的初衷,更是对行动意义的深层次诠释。

(三)整体统筹

一个科学合理的社会实践策划,对实践活动具有整体统筹意义。一个好的策划有利于实践活动的顺利开展,有利于形成周全的活动方案,更有利于促进实践活动的完善、提升。在策划的整体统筹下,实践活动的开展能够更加有序化、有效化,更有助于社会实践活动实现校内外资源的优化整合。

(四)价值提升

一个科学合理的社会实践策划,对参与其中的各方都具有一定的价值提升作用。社会实践策划的确立必然需要大学生积极主动地挖掘其中的意义,大学生在这一过程中提升了自信心和价值感,从而大大激发其对相关领域、事件的关注度,并有利于拓宽视野。与此同时,参与活动的社会部门、机构甚至个人可以在该策划的基础上,更深入地了解高校的科学研究、社会服务、文化传承和创新等情况,从而拓展校地合作、校企合作的领域,产生更大的社会效益。

二、策划的原则

作为社会实践开展的前提和基础，在进行社会实践策划时要遵循以下原则。

（一）现实性原则

策划的题目要具有现实意义，要能够将理论与实际紧密结合。具有现实价值是指策划的主题应与社会密切相关、为广大民众所关注，对中国特色社会主义事业发展中亟待解决的问题具有一定的研究探索意义。

（二）可行性原则

策划要充分考虑和分析各种客观条件，如人力、物力、财力等各方资源的客观情况，要善于利用资源，做到节约与高效相结合。首先，充分评估策划的主客观条件，量力而行、客观地分析自身的能力；其次，充分考虑自身的特长和兴趣；最后，实践活动的主题要大小适度。一般来说，从可行性原则出发，策划时的关注点宜小不宜大，涉及范围宜窄不宜宽。

（三）创新性和教育性原则

确定社会实践策划时，需要充分调动学生的创新思维和能力，切忌盲目“照搬”和“追捧”。策划的创新可以从以下两方面考虑：从题目、形式到内容都是新的；由旧的题目开发出新的内容，从而提出新的观点和看法。同时，策划对大学生的专业学习能力、解决问题能力、交流协作能力等方面具有一定的提升作用，并有助于提升大学生的思想道德修养。

三、策划的方向

(一)围绕所学专业

高校是培养专业化人才的基地,每个高校所设置的学科、专业都有其自身特点和要求。大学生社会实践活动的策划要体现时代特征,要结合专业特色来开展实践活动。因此,实践活动的策划应体现学校的办学优势和学科特色,要用大学生所学的专业知识来解决实际问题。这样大学生既了解了社会,又可以提高自己的专业知识水平。如果大学生在社会实践中能够结合自身专业特点进行策划,则更能够提高实践活动的针对性和实效性,若能融入未来职业发展需求,那么效果可能会更好。同时,不同专业的大学生在社会实践上各有所长,社会对他们各自专业技术知识的需求也大不相同,在进行实践活动策划时要从自身的专业背景出发,充分发挥专业优势,在设计实践策划时将重点放在突出专业特点和自身优势上,使自身实践活动与社会需求接轨,在高校资源与社会资源之间架起一座桥梁,从而使得高校为地方经济社会发展作出有效的贡献。

(二)围绕个人兴趣

兴趣是个人主动认识某种事物或爱好某种活动的心理倾向,它使人对感兴趣的事物给予优先注意,进行积极的探索,并带有一定情绪色彩和向往心情。当代大学生是极富个性特点的群体,每个人都有自己独特的兴趣和爱好,有的人在某一方面有较深的钻研,能力上高人一筹,而在另一方面则较为逊色。大学生社会实践是一项系统、复杂的活动,前前后后有着大量工作要做,特别是进行实地调查更是颇费时间和精力。面对烦琐的实践筹备工作,如果学生对论题缺乏兴趣,存在被动应付心理,将很难保质保量地完成各个环节的任务。在设计实践策划时,可以充分结合自己的兴趣和爱好,要尽可能选择那些能发挥自己的专长,学有所得、学有所感的策划主题。若兴趣盎然,则内在的动力就高,深入实践的欲望就强烈,实践活动的质量、效果也就会越好。

(三)围绕社会热点

大学生只有关注社会热点,才能准确把握时代和社会发展的脉搏,才能真正地了解社会,提升自身综合素质,体现自身价值。目前,大学生围绕经济社会改革以及各类社会民生热点等可研究的对象、问题很多,这些都是设计社会实践策划的良好素材。特别是在网络化、信息化和大数据的时代背景下,大学生群体掌握着更多的信息网络技术,能更及时、更全面地捕捉信息,形成自己对社会热点问题的认知,围绕社会焦点热点问题设计实践策划,具有时效性、敏感性的特点,并更容易引起整个社会的关注,产生较大的社会影响。

(四)围绕重点工作

近年来,党和国家十分重视大学生社会实践的育人作用,多次下发各类文件号召、指导大学生围绕上级教育主管部门、各级团组织所开展的重点、专项工作开展社会实践活动。围绕这些重点、专项工作进行策划,可以充分发挥高校教育资源和学生团队的专业优势,引导学生在实践中了解社会、提升思想认识、锤炼良好品格,将个人的成长进步与实现个人理想和推动社会发展紧密结合。

(五)围绕实践地需求

社会实践活动必须是在一定的地点将社会需求和学生需求相结合,进行的具有一定目的性、针对性的社会活动。实践活动可结合实践地经济社会发展状况、生态环境、文化发展等方面进行策划,将专业学习与服务基层相结合,开展以专题调研、科技支农、志愿服务、政策宣讲会等为主要内容的社会实践活动。例如,社会实践活动可根据实践地的实际需求,为当地制定发展规划,为解决当前社会凸显问题提供现实依据等。社会实践活动可以让学生开阔视野,提高发现问题、研究问题、解决问题的能力,为社会发展出谋献策、贡献力量。

四、策划的撰写

一个详细严密的社会实践活动策划方案，能够使整个实践过程做到按步骤、按计划、按时间有序进行，它就像影视作品的剧本一样重要，因为它能够指导实践团队按照既定的要求去完成实践活动，从而达到实践目的。而编写社会实践策划方案的过程就是一个把社会实践活动计划内容书面化、条理化、具体化的过程。

一般来说，实践活动策划方案包括前言、主题和目标、团队成员、实践地点、实践时间、具体实践内容、预期成果等。

(1)前言，主要明确大学生社会实践活动的指导思想、工作原则等。

(2)主题和目标，主要阐述社会实践活动的主题思想和要达成的目标。

(3)团队成员，主要列出参加社会实践活动的学生名单或按某种标准选择的学生成员名单。

(4)实践地点(或单位)，可以是企事业单位、机关部门，也可以是社区、街道等，可以是城市也可以是农村等。

(5)实践时间，包括实践活动筹备期、实践活动开展期、实践活动总结期等。首先，实践团队要明确活动筹备期的具体时间，并在这一阶段做好理论准备、经费筹措、物资准备、实践地单位的联络等工作。其次，实践团队要明确活动开展期的具体时间，该时间一方面由实践团队主观安排，另一方面需要结合实践地相关单位的情况进行调整。最后，实践团队要明确活动总结期的具体时间，该时间要提前约定，避免实践活动一结束团队成员就各奔东西，从而影响实践效果。

(6)具体实践内容，简言之就是实践期间每天需要做的事情。该部分内容可以表格的形式呈现，按照时间排序，最好能细化到每半天的行程。实践内容的安排一定要紧扣实践主题，并能够为预期的社会实践成果服务。

(7)预期成果，在整个策划中也十分重要，它能够帮助团队成员进一步明确任务。一般来说，根据实践团队的主题和目标，预期成果可以分为技改方案、实施方案、调查报告、对策建议等；就团队本身和个人而言，实践活动的宣传效果、个人的成长报告也是重要的实践成果。

第二节　实践组织

任何社会实践活动都是针对某一社会领域内的具体问题来设计方案的，方案设计完成后就需要有计划、有步骤地实施实践活动。社会实践项目的实施程序一般包括以下五个阶段。

一、项目申报阶段

目前，大学生社会实践活动普遍实行项目化管理、申报制度。申请团队必须认真填写“社会实践活动项目申报表”，经审查合格后才能予以立项。

首先，要结合自身特点设计出科学、可行的社会实践活动方案，内容应该包括活动主题、活动的意义和目的、活动的方式和内容、团队组成、时间安排以及活动经费预算等，并将项目申请书于统一的规定日期前交至团委。团委组织项目的审批和修改，根据各申报方案的可行性和实际情况确定批准立项的团队。

(一)具体申报程序

(1)确定活动内容和主题。

(2)院(系)团委、相关社团组织、学生团体或个人等领取并填写社会实践活动立项表，根据策划指南，按各自程序进行项目申报工作。

(3)由院(系)团委组织评审，确认申请团队目标明确、条件具备、措施落实、组织和安排合理后方可确定立项团队。

(二)社会实践团队项目申报说明

社会实践团队所提交的社会实践申报材料应包括以下内容。

(1)社会实践方案的意义。

(2)社会实践活动的目标。

(3)社会实践活动的内容。

(4)社会实践活动的范围。

(5)社会实践活动的程序。

(6)社会实践活动的成果形式。

(7)组队情况、安全措施。

注意事项：成员分工应该包括负责人、参加人数及人员组成，实践团队的人数应控制得当。此外，还要根据实践地点的实际情况制定相应的安全措施及应急预案。

二、筹备部署阶段

实践活动筹备部署阶段要加强领导，做好计划，初步落实组团、组队事宜。首先，实践团队成员要充分认识到社会实践活动的意义，高度重视并协调行动，发挥整体优势。其次，要制定社会实践活动管理的具体规则，为实践活动提供明确的制度保证，保证学生参加活动的积极性和完成活动的质量。再次，必须制订详细的活动计划和方案，对活动所必需的场地、设备、人员、经费等予以充分保障，为社会实践活动提供物质保证。最后，社会实践活动也需要技术保证。各实践团队须有指导教师带队，全面负责、指导和安排各实践团队各项工作的展开。

(一)确定指导教师

确定一位对社会实践活动各个环节熟知且富有经验的指导教师，该教师可对实践团队提出具体的指导意见并给予一定的行动辅助。这一举措对于消除学生因为经验不足在实践活动的策划和执行中留下隐患或漏洞是非常有效的。

(二)围绕实践策划搜集信息

社会实践团队可以围绕以下几个问题搜集信息。

(1)所策划的主题与目前学校(学院)正在进行或即将推广(开展)的各类主题实

践活动是否契合，能否被纳入整体的活动之中，以便更好地获取资源和规范管理。

(2)核实本次所策划的社会实践活动前人是否进行过有关的实践活动。如果已有人展开过相同或类似的实践，那么他们进行到何种程度，取得过哪些实践成果(包括实践报告、论文汇编、奖项荣誉等多种形式)。

(3)策划所涉及的领域、指向的社会部门机构等是否正在或即将迎来国家、地方政策的关注、支持。

(4)计划开展实践的地点，当地的气候、地理条件、民俗习惯等有没有特别之处，及这些对于预计的活动开展会不会产生促进或阻碍作用。

(5)计划开展实践需要接触的群体在时间上是否存在冲突等。

(三)整合可利用资源

实践团队可以结合实践活动的需要，充分发挥团队整体及个人的地缘、业缘、亲缘等优势，通过灵活多样的方式寻找实践活动可以利用的资源。比如实践地点是某队员的家乡，那么该队员可以作为联络人，为队友在当地活动时联系住宿、提供交通及其他相关信息。又如，可以借助校内资源，寻求指导教师、主管部门等的协助等。

(四)妥善进行各个事务性环节的沟通预约

实践活动的前期策划要及早落实，要有计划、有步骤地进行，后期工作则需要进行周密部署，确定活动细节。实践活动的各个事务性环节需要实践团队成员事先做好各个环节的沟通协调，成员们应清楚开展实践过程中哪些环节需要根据基层、地方、机构等的规定进行申报或办理相应的手续，并完成各项规定所需要的证明、手续等前期对接和准备工作。

三、确定活动地点阶段

确定活动地点首先是要确定服务地区、场所和内容。其中需要注意的是活动地点的实际情况要与活动主题的内容相切合。一般情况下，宜就近选择活动地点。活动地点要有代表性，以便更好地实现活动目的。

四、培训动员阶段

组建的社会实践团队要确定适当的成员人数，并由指导教师对人员进行合理分工和周密安排。实践团队需提前确定实践时间和地点以及实践内容等，并与实践地提前进行沟通协调，只有提交的立项申请材料获得审批后，方可参与实践活动。经批准后的实践团队实行领队负责制，领队需保证团队成员的安全和在相应时间内完成实践任务，并且按时提交总结材料。团队成员必须遵守团队规定，对实践活动进行全面、及时、深入的宣传和报道，认真做好社会实践活动的资料报送工作，并广泛利用网络、报刊等各类媒体途径宣传社会实践的内容和成果，取得群众的信任和支持。实践团队还要力求主动取得社会的支持和配合，形成引导和推动活动高效开展的浓厚的舆论氛围，这样才能多角度、多层次、全方位地及时反映社会实践活动情况，以便取得好的实践成果。

此外，社会实践活动开展前的培训工作对于整个实践活动的顺利开展也起着至关重要的作用。在实践团队组建完成后，学校（学院）会针对实践过程中涉及的一些方法、技能、安全等方面的知识邀请相关人员进行专项培训。一般来说，培训的内容主要有：社会实践活动的工作目标、工作内容和工作重点，以及实践团队如何设计实践项目；实践研究的基本方法、文明礼仪常识、医疗急救常识；应急管理技能、社会实践新闻报道和图片采集方法；等等。只有实践前期的各项培训工作开展到位，才能保证实践活动的全面顺利实施。

五、实践实施阶段

在经过充分的前期准备之后，实践团队就要奔赴实践地开展社会实践活动了。一般情况下，实践团队要紧密结合原定计划并按部就班地一一执行。在执行过程中，我们需要强化以下几个方面。

(一)协调

协调是一项重要的管理技巧,也是大学生社会实践实施过程中的重要内容。社会实践中的协调,是指社会实践实施的管理者在实践的实施管理过程中,引导内部组织与外部环境,以及内部组织的人与人之间建立良好的相互作用、相互协调、相互配合的关系,以实现社会实践实施预定目标的行为。从协调所指向的对象范围来看,大学生社会实践实施过程中的协调,可分为内部协调与外部协调两类。

1.内部协调

内部协调是指处理好社会实践团队成员之间的相互关系,也就是组织内部人与人之间的关系。内部要协调好,就要求团队的领队要想办法让团队成员拧成一股绳,共同朝着社会实践设定的目标前进。一般来说,由于每个大学生的生活环境、知识储备有所不同,其看问题的角度和深度、提出的建议和办法均有所区别。这就导致在问题处理过程中团队成员之间容易产生分歧、矛盾甚至冲突。如果不能有效地化解矛盾,必将会加剧个体之间的冲突,导致组织松散,给社会实践活动带来的负面效应是显而易见的。因此,在社会实践实施过程中,团队领队等作为团队的核心一定要高度重视和谐团队的构建,要努力化解成员间的分歧和冲突,合理分配工作任务使社会实践活动能够不断顺利向前推进,以实现内部协调,完成社会实践活动的目标。

2.外部协调

外部协调意味着社会实践团队要处理好与社会的关系。社会实践的开展、实施既需要稳定的实践基础,也需要合适的、固定的场所。这都需要由实践团队组织之外的社会来提供。同时,社会实践所必需的其他材料,如介绍信、人身保险等都需要学校有关部门、社会有关组织等的积极配合和大力支持。实践团队组织处理好、协调好与学校内外各部门、各单位的关系,就能为大学生提供食宿、交通等方面的便利。这必将能够激发大学生投身实践的积极性,调动大学生参与实践的热情,为实践活动的顺利开展奠定坚实的基础。

(二)沟通

沟通是人与人之间、人与群体之间思想与感情的传递和反馈的过程,其目的是使思想达成一致,实现感情的通畅。人与人之间的沟通是非常必要的,有效的沟通能够提升工作效率,实现社会实践团队成员之间的人际和谐,有利于社会实践活动的正常开展。按照沟通所指向对象的不同,沟通可以分为内部沟通和外部沟通。内部沟通是指社会实践团队成员之间的信息交流和传递。外部沟通是指社会实践团队与学校有关部门、社会有关组织、公民等的信息交流和传递。在社会实践实施过程中,沟通是我们进行指挥、控制的重要手段,是改善人际关系的一种有效途径。有效的沟通能够保证学校与社会,学生与各部门、各单位,学生与学生之间关系的协调,保证社会实践活动预定目标的实现。如果沟通不顺畅、信息传递不流畅,那么社会实践团队成员之间、团队与外界之间将不可避免地出现误解,如果没有足够的相互了解和支持,就会引发人际关系紧张,导致冲突的出现,影响社会实践活动的顺利开展。

(三)检查

检查是大学生社会实践活动运行过程中的一个重要环节,也是保证社会实践活动实施的重要手段,是社会实践活动目标得以实现的重要保障。认真细致的检查,能够真实地了解社会实践活动方案的开展情况,能够观察到大学生社会实践活动任务的完成情况,了解大学生对社会实践活动的认可度以及在具体实施中遇到的困难和问题所在。就实质而言,检查工作是在社会实践活动中对大学生的一种考核和监督手段。检查的方式多种多样,从内容上看,有全面检查、抽样检查;从时间上看,有平时检查、定期检查;从方法上看,有口头汇报检查、书面检查;等等。在大学生社会实践实施过程中,究竟采用哪种比较合适的检查方式,应根据实际情况来判断,也可以结合使用。若要真正地达到检查的目的,我们应注意以下几点。

1. 检查要深入实际

要想真实地了解社会实践活动的开展情况,必须深入到实际工作中去,必须掌握第一手的真实材料。只有掌握全面真实的情况,才能进行科学分析,为实践活动的改进打下坚实基础。

2.检查既要注重结果，也要注重过程

在对大学生社会实践活动开展情况进行检查时，如果只看结果，不看过程，很可能被假象所迷惑，做出错误判断。只有着眼于实践活动过程的检查，才能找出产生实践活动结果的真实原因，也才能正确地指导社会实践活动的进一步实施。

3.注重检查后的整改工作

检查不是最终目的，而是为了更好地推进社会实践活动的开展。我们应当在检查的基础上，找到社会实践活动实施中存在的主要问题，进而提出整改的措施和建议。

在社会实践过程中，还会因为主客观因素的变化，导致不能完全按照原方案实施，此时就需要及时调整社会实践活动方案。若遇到突发情况（如队员生病、恶劣天气等），则需要及时启动应急预案，冷静应对。实践团队的每位成员都需要在实践过程中发挥主人翁精神，做好活动细节的记录工作，积极主动地开展富有正能量的宣传报道工作。

第三节 实践领导

在社会实践团队的组织过程中，应结合具体情况筛选并确定人选，组成实践团队，严格选拔政治素质过硬、在各方面表现比较突出的大学生组成实践服务团，团队成员人数应视具体情况确定，同时做到专业配备合理，并由专职团干部或专业教师带队。此外，还要对团队成员进行严格的培训，可以请党政干部、专家、学者为团队成员讲授理论知识，组织团队成员集中学习上级有关文件和实践论文，提高思想政治水平，增强纪律观念。同时，也要针对服务项目进行必要的专业培训，使团队成员充分了解实践内容、实践形式和实践方法等，做到目的明确、纪律严明。参与实践的团队成员全都要纳入培训范围，这样才能提高实践队伍的整体素质，确保实施质量。

一、团队组建

(一)成员要求

一个实践项目需要多个专业的知识来帮助开展,因此,在实践团队的人员组成上也要体现这种互补性。这样可以使活动开展更加顺利,内容更加丰富,也更具有价值。不同院系的学生共同组成一支实践队伍去完成活动,会使活动成果更上一层楼。

在组建社会实践团队时,要根据实践活动的需要确定成员,人数控制要得当,并不是说越多越好。每名团队成员必须承担某一方面的具体任务,分工要明确,团队应该明确负责人、参加人数及人员组成。另外,各成员承担的任务应与自身的专业、学识、能力、特长相适合。计划中要把团队负责人、成员的名单、分工写明。有时候甚至还需要把各人曾有的研究经历和成果列出,以便校方对实践团队的整体能力有所了解。经批准后的实践团队大多采用领队负责制,所以还需确定指导教师带队。带队教师要明确自己的责任、义务和注意事项,一方面要指导学生进行妥善分工和周密安排,保证团队成员的安全,落实好队员的吃、住、行等后勤服务工作;另一方面要同实践地做好协调工作,具体安排好实践进程,并且在相应时间内完成实践任务。实践团队的成员在活动中要服从带队教师的统一组织和安排,要以团队的集体利益为重,这样才能保证活动的顺利开展,取得理想的成效。

(二)成员选择的基本原则

(1)统一性原则。团队成员具有相对统一的课题意向。

(2)差异性原则。基于实际工作量、工作内容等,在选择团队成员时应考虑对不同专业、不同特长人员的需求。

(三)组团形式与主要途径

(1)组团形式:项目组团、自发组团等。

(2)组团途径:班级组团、寝室组团、学生组织组团、同乡组团、公开招募等。

二、团队领导艺术

大学生社会实践团队的领队就好比一名总经理,要负责考虑方方面面的工作。团队拥有一名好领队,对于搞好一个实践团队的工作是至关重要的。要当好领队,应处理好以下几方面的关系。

(一)责任与权力的关系

担任团队领队,无疑是一种荣誉,也有一定的权力,但首先是一种责任。当好领队,要有一种强烈的责任心,对所担任的工作要主动负责、敢于负责和善于负责,即所谓在其位谋其政。只想要荣誉、要权力,而不想负责任或者怕负责任的现象还是存在的。一是遇到矛盾绕着走,不敢触及矛盾,缺乏解决具体矛盾的勇气和能力;二是把矛盾上交,不想也不敢处理棘手问题;三是能落实好的事自己办,得罪人的事推给别人去办;四是工作没有长远打算,心中无数,当一天和尚撞一天钟,有的甚至只当和尚不撞钟。所以能否正确行使权力,有没有责任心,责任心强不强,是能不能当好领队的前提和思想基础。

(二)与团队指导教师的关系

领队与指导教师之间是战友关系——这里指社会实践前、中、后各阶段的协同关系,也是工作关系。处理好与指导教师的协同关系和工作关系,是当好领队的基本素质要求。工作关系是指领队与指导教师在工作过程中的关系,属于上下级的领导关系。在工作过程中,指导教师是一级组织的代表,对教师的尊重和支持,反映了下属的组织观念。实践证明,当好领队,必须牢固地树立起下级服从上级的服从意识。战友关系是指地位平等、目标一致,在思想、工作上相互帮助、相互促进的关系。在实现共同理想的过程中,只有分工的不同,没有高低贵贱的区别。领队在工作上坚持下级服从上级的组织原则的同时,也要保持自己独立的人格与行为权责,促进上下级关系,既有益于树立良好的作风,又能促进社会实践工作健康发展。

(三)贯彻学校精神与创造性工作的关系

作为一名团队领导,原原本本地贯彻学校决定是应该的,但不是最好的,最好的做法应该是创造性地开展工作,开创工作的新局面。创造性地工作,需要形成创造性的思维方式和敢闯、敢试、敢为天下先的精神。要形成创造性的思维方式,必须掌握马克思主义的基本理论,要学会运用马克思主义的立场、观点与方法分析问题和解决问题,确立和坚持解放思想、实事求是的思想路线。

三、领队应具备的心理素质和能力

(一)领队应具备的心理素质

众所周知,内因是决定事物前进方向的主要动力,而当好一名领队的内因则是个人的心理素质,只有具备相应的心理素质,才有成功达到目标的可能。具体而言,一名合格的领队应具备的心理素质主要包括以下几个方面。

(1)作为一名领队,必须要有甘当配角的心态。这就要求领队在工作中要保持谦虚谨慎的态度,向指导老师请教学习,充分发挥好承上启下的作用,积极利用自身的主观能动性,在认真做好本职工作的前提下,努力协调好团队的每项工作。

(2)作为一名领队,要具备开拓创新的意识。大胆尝试,以超前的眼光看问题,要敢于和其他团队比干劲、赛成绩,而不是以一成不变的方式,局限于做好团队内的工作。

(3)在日常工作中,领队要有真抓实干的精神。作为团队的领导,领队应该既是指挥员又是战斗员，作为指挥员就应该体现自己的能力和水平，越是面对棘手难缠的问题，越要沉着冷静，迎难而上。

(4)领队要有吃苦耐劳的精神。做到不畏艰难困苦，扎扎实实地开展工作，勤勤恳恳地做好事情。

此外，作为一名领队还必须有包容的心态。要心胸宽广，做到小事讲公德、大事讲原则。无论做什么事情，都要尽量抛开个人因素，不能只考虑自身的好处，无视集体和他人的利益，必要时还应该牺牲小我、成全大我。

(二)领队应具备的能力

那么，具备了良好的心理素质是不是就能胜任领导职位了呢？显然这是远远不够的。要做好一名领队，还必须具备以下几方面能力。

(1)要有良好的思想政治素质和理论水平。

(2)要有较显著的工作成绩。作为领队，在工作中就应该比队员做得更加出色，只有拿出令人信服的成绩，队友才会心服口服。

(3)要有较强的组织协调能力。实践团队是一个整体，如果一个领队没有较强的组织协调能力，那么这个整体就会变成一盘散沙，队内成员之间也就缺乏默契的配合，从而导致工作无法正常开展。因此，学会怎样充分调动各自的长处，达到相互支持、取长补短的效果，也是领队必须具备的能力之一。

(4)要努力开展批评与自我批评。每个人都会有自己的优点和不足，只有认清了自身的缺点，才能想办法弥补它，达到扬长避短的目的。在做好自我批评的同时，也要对他人身上存在的问题提出批评。批评他人不是为了取笑他人，而是为了帮助其改正错误，从而不断提高自身的整体素质。

(5)要具备与社会实践相关的知识。作为一名领队，要在团队里开展具体工作，如果对社会实践的各项情况一无所知，指挥别人也是空谈，要想发挥好作用，就必须熟知相关知识，所谓知己知彼，方能百战百胜。

(6)要善于团结队员，特别是有错误的队员和反对过自己的队员。我们常说，对任何犯了错误的同学，只要他能改正，还是个好同学。而对于反对过自己的队员，要搞清楚为什么人家会反对你。人与人之间有矛盾是正常的，若出现了矛盾，我们应该正视它，而不是回避它，更不是激化它，只有这样才能从根本上解决问题。

(7)要有较强的文字总结能力。领队在做好具体工作的同时,还需要经常对各方面的工作做出宏观的总结归纳,得出相关的经验教训,以报告的形式体现出来,为以后的工作提供借鉴。

第四节　实践控制

不管是哪种类型的社会实践项目,参与者和组织者都是其中的重要角色,因为一个项目要顺利地组织和开展,既要有参与者积极热情的参与,又要有组织者协调完善的组织。在具体项目中,不论是参与者还是组织者,都要在项目中扮演好自己的角色,更好地完成任务。为了加强社会实践项目的管理保障以及社会实践的有序开展,在社会实践活动的组织实施过程中,应注重以下几方面的问题。

一、加强对实践学生的全过程管理

在组建社会实践团队时,要根据实践活动的需要来确定成员,分工要明确。另外,每个成员承担的任务应与自身的专业、学识、能力、特长等相契合。一般来说,提倡成员之间相互学习,取长补短,培养协作精神和团队精神。小组之间也要加强交流合作,相互借鉴并在团队内设立领队、外联、财务、安全、宣传等方面的负责人。

要对学生进行妥善分工和周密安排,保证团队成员的安全。要落实好队员的吃、住、行等后勤服务工作。要同实践地点提前进行沟通协调,具体安排好实践日程,并且在相应时间内完成实践任务。而作为实践团队的成员来说,在活动中要服从带队教师或团队负责人的统一组织和安排,要以团队的集体利益为重。具体而言要做到以下几点。

(1)各社会实践活动实行领队负责制,各队分设领队 1 名,全面负责社会实践团队的组织管理工作。

(2)各社会实践团队可根据情况设副领队 1～2 名,协助领队开展工作;各社会实践团队可根据各自活动的范围招纳队员若干名,原则上各社会实践团队总人数不多于 15 名、不少于 5 名。

(3)各社会实践团队均应有指导教师,并在教师指导下开展实践。指导教师一般由与本团队开展的实践活动相关的专业教师或本学院团委(团总支)教师担任。

(4)各社会实践团队须通过本单位团委(团总支)向校团委上交接待单位的接收函和团队立项登记表,以便学校根据申报材料确定是否对有关社会实践团队立项并予以资助。

(5)各社会实践团队应按照申报材料所确定的内容及学校与接待单位的要求,认真完成实践任务。

(6)各社会实践团队各项事务应由集体讨论决定,实行少数服从多数的民主集中制原则。各团队成员应服从团队的安排和要求,不得擅自行动,队员如退出实践活动应提出书面申请,经团队核实、批准后方可离开团队。

(7)遵纪守法,遵守社会公德,注意自身形象,维护学校的声誉和利益。

(8)尊重接待单位的安排,维护团队与接待单位的团结和友好关系,不得向当地组织提出无理要求。

(9)本着节约的原则使用实践活动经费,活动结束返校后应及时按学校财务制度规定报销费用。

二、明确实践团队责任

(1)出发前,应再次与实践地联系,确保所有安排(如食宿、交通等)都已妥当。

(2)出发前,应办理好在实践地活动所需的必要证件和证明。

(3)出发前,应必须明确团队的安全员,负责团队实践过程的安全工作。充分考虑到可能出现的安全情况,组织学习教育部令第12号《学生伤害事故处理办法》,基本安全问题的预防措施以及应对技巧所有成员都必须详细阅读并全部理解。熟悉实践地当地习俗、历史、地理等情况,并根据自身的具体情况做出相应的应急准备。

(4)实践过程中,强调组织纪律性,成员要听从带队教师或者领队的指挥,领队应与每名队员随时保持联系。

(5)实践过程中,队员们应互相关心、互相帮助,遇到突发事件应该沉着冷静,共同解决。

三、加强实践过程中的安全管理

实践活动是一项系统工程，为了保证活动顺利有序地开展，完善的安全预案是十分必要的。要把交通、卫生等方面的安全问题提升到一个重要的高度来对待，认真落实学校为实践活动制定的安全措施，确保团队成员的身体健康和生命财产安全。尤其是一些实践地点比较偏远的团队，更要认真细致地做好安全预案、协议、保险等工作。实践团队应该根据学校团委制定的大学生实践活动的方案，从安全保障、应急机制、责任权限等方面，结合具体的实践活动，认真考虑可能遇到的意外状况，尽量保证不出问题，做出适合自身实践活动的具体方案。

同时，学校也应该为外出考察实践的学生购买人身意外险和医疗保险。实践团队成员要认真参加学校组织的安全、技能等方面的培训。安全培训主要针对社会实践过程中的交通和人身安全问题，提高学生的安全意识，增强其防范能力。而医疗卫生等实用技能的培训则会为所有参与社会实践活动的成员们讲解常见疾病的预防和治疗、户外活动的卫生注意事项等。总而言之，所有的安全预案和预防措施都是在为大学生社会实践活动的顺利开展创造良好的条件。具体分为以下几点。

(1)各级团组织要加强对社会实践安全工作的指导，明确专人负责。

(2)加强社会实践团队领队和安全员的培训与教育，团队实践方案必须经教师的审批。未经批准立项和未参加安全培训的团队，不得以团队形式开展社会实践活动。

(3)实践团队要确保在与实践地对接完毕并落实好住宿及活动安全事宜后，才能赴实践地开展活动。团队出发前、到达目的地、在服务地每天、返校前、到校后都必须向指导教师请示汇报。

(4)实践团队的安全负责人有权否决可能存在安全隐患的行动计划。因安全问题出现较大分歧时，应及时与指导教师、辅导员联系，征求意见后再行解决。

(5)实践团队成员必须办理个人意外伤害险，保险期限为社会实践活动期间，经校方审核后，才能参加团队社会实践。

大学生社会实践队伍的组织是实践活动得以顺利开展并取得成功的重要保证。组织的关键在于确立实践活动的操作规范，提高实际的可操作性。社会实践的组织成功取决于多个方面，其中比较重要的是组队人员、实践形式、进程安排以及安全措施。这四个方面相辅相成，缺一不可。

四、优化实践资源配置

实践资源主要包括人、财、物、信息等。这些资源主要来自以下三方面：一是实践团队成员自筹经费、购买物资；二是校内物资的调配、专项经费的落实、教育资源的支持和专业教师的指导；三是整合社会各类资源为我所用。实践资源的配置主要有经费预算、整合校内资源和争取社会资源等。

(1)经费预算。它是开展实践活动的基本条件，须遵守少花钱办大事的原则，实事求是地进行预算。不同的活动所要求的经费条件也是不同的。经费的支出包括资料费、印刷费、差旅费、保险费、设备费等，要视实践活动的具体情况而定。

(2)整合校内资源。它是保障实践活动顺利开展的重要途径，学生在开展实践活动过程中既可以充分运用高校丰富的教育资源，求助指导教师，寻求实践方法、专业技术和总结提升等方面的支持和指导，还可以依托大学科技园、大学生创业俱乐部、大学生创新创业训练计划等开放型实践平台的资源开展实践活动。

(3)争取社会资源。实践活动要充分利用社会资源，构建更多的有助于学生开展实践的社会活动平台。实践活动资源配置社会化就是“源于社会，服务社会”，积极争取社会各界支持，充分利用和开发各种资源，如图书馆、博物馆、大型企业、电台、电视台、社区、科研院所等广泛社会资源的支持。总之要遵循经济规律，按照平等互利、节俭高效的原则，注重市场法则与组织优势结合的要求，以达到多渠道、多形式、全方位获取资源，高效益使用资源的目的。

此外，在社会实践活动准备和开展阶段，各级团组织要进行协作，资源共享、优势互补、齐心合力地开展卓有成效的社会实践活动，共同努力为大学生社会实践搭建舞台、创造条件、解决困难，这也是社会实践活动的有效实现形式。实践项目的专业交叉和内容扩充，都需要整合各方力量，实现实践资源的优化配置，使实践活动具有更大的发展空间和更强的发展潜力。

第五节　实践总结与推广

社会实践团队和参加社会实践的同学，要按照学校（学院）的要求和自身项目的实际，积极地在策划确定的时间、地点围绕项目要求，发挥自身专业知识优势，开展社会实践活动，力求务实创新，出成果、出效益。实践成果可以实践报告、书面汇报、队员日记、图片记录等形式展示。

在活动期间，实践团队应严格按照实践方案开展活动，详实地记录实践过程中的信息、数据，妥善保存访谈记录、调查问卷、实践证明、专家指导意见等材料以便完成实践后进行数据分析、信息汇总等后期工作，为撰写实践报告、实现实践成果转化奠定良好的基础。

此外，为了及时反馈有关活动信息，做好宣传报道工作，各实践团队应落实专门的负责人认真做好有关信息报送工作。每项活动在社会实践期间应报送活动简报，还要注重影像资料的收集和保存。信息报送情况可作为评选“社会实践优秀团队”的参考项目。信息报送内容包括活动开展情况、活动进展现况，以及活动中有关的人数统计，还可包括活动中涌现出的感人事迹、先进人物和典型案例，以及有关媒体的报道等。

浙江理工大学理学院青少年科普教育基地
心理学科普实践活动策划书

1　实践背景

2015年10月，教育部印发《关于加强家庭教育工作的指导意见》。一是进一步明确家长在家庭教育中的主体责任，要求提升家长素质，提高育人水平，用正确的思想、方法、行动教育引导孩子；二是要求严格遵循孩子成长规律，努力拓展家庭教育空间，不断创造家庭教育机会，定期开展家长和学生共同参与的参观、体验、调查、研学和社会公益活动；三是设计较为具体的家庭教育纲目和课程，开发家庭教育教材和活动指导手册。可见，创造共同学习、亲子互进的家庭氛围是未来家庭教育的发展方向。

“教育的最终目的是实现自我教育”，将心理科学知识与其他学科知识有机结合起来进行普及、推广、应用，转化落实到学生、家长、家庭之中，使学生个体以及与其所紧密联结的家长、家庭单元发挥能量转化的效果。在实践中我们发现，以青少年科普教育基地为依托的亲子互动科普学习模式，在科普学习过程中能发挥较好作用。一是可以充分利用科普基地的教育资源与场地优势；二是能持续地调动家长和孩子对相同、相似以及延伸知识点的学习积极性和主动性；三是家长与孩子在科普志愿者的指导下一起开展活动，在激发孩子对科学产生兴趣的同时，引导家长学会在活动中观察孩子、了解孩子，进而掌握科学教养的方法。亲子互动科普学习模式为孩子、家长提供共同活动、共同学习的环境和氛围，既可以增进亲子间的情感，也可以促进科普志愿者的专业成长。

2 基本思路

浙江理工大学以《全民科学素质行动计划纲要实施方案(2016—2020年)》为指导，充分发挥心理学等多学科优势，在心理学、物理学等省级实验教学示范中心的基础上，发挥青少年科普教育基地载体作用，深度开展文理学科交叉，系统、科学地普及心理学知识，促进人文素质教育与科学素质教育的有机结合，促进家庭教育与学校教育的协调发展，提升青少年身心素质。

3 实践内容

3.1 普及心理学知识，传播社会科学文化

进一步拓展和完善“破析心灵密码”主题系列活动，深入村镇、社区、中小学开展心理学讲座、知识宣展、实践体验活动，积极打造“浙理心声”微信公众号，加大心理学基本知识的普及，破除大众对心理学的误解，提升心理科学素质和人文素质，传播社会科学文化。

3.2 举办生态互联营，促进青少年素质提升

深入开展家庭教育心理科学知识普及，通过家长沙龙、家长课堂、生态互联营等多种模式，解决青少年社会化问题，逐步达到自我分析—自我设计—自我管理—自我实现的目标。激发孩子潜能，从培养孩子自我教育能力，学会自我分析、自我

设计入手，让孩子明确目标、合理支配时间、学会情绪控制、树立自信心、积极乐观、助人为乐。

3.3　采取学科交叉科普，提升家庭教育与学校教育协同育人水平

在青少年科普教育基地原有青少年科普培训营的基础上，进一步探索学科交叉科普模式，采用亲子互动参与的方法，共同体验科技与心理科学的魅力，引导家长观察、了解孩子，从而自觉矫正家庭教育的观念和手段，实现家庭教育与学校教育的互动，提升家长教养水平。

4　重点活动

4.1　"破析心灵密码"主题系列活动(见附件 1)

通过进村镇、社区、学校开展心理学讲座、知识宣展、实践体验活动，主要侧重于心理学基本知识的普及和青少年人文素质的提高。

依托浙江理工大学心理学系具体开展，在全省社科普及宣传周、科普宣传周、心理健康日等重要科普宣传日期间，组织心理学专家、学者开展 10 余场心理学讲座，其中，争取浙江省人文大讲堂 1～2 场，浙江理工大学金沙(人文)大讲堂 2～3 场；组织编印《心时代》1000 册；举办"走进心理学"知识展览；开展心理团体辅导活动。

对象一为杭州下沙中小学：文海实验小学、文海实验中学、下沙一小、下沙二小、学林街小学、学正小学、启源小学、金沙小学、金沙中学、下沙中学等 10 所。对象二为杭州下沙各签约社区实践基地：月雅苑社区、闻潮社区、海天社区、柠檬社区、伊萨卡社区、滟澜山社区、东湾社区、杭铁社区等 10 个。

4.2　青少年素质提升计划(见附件 2)

通过生态互联营、家长课堂、家长沙龙等多种模式，指导家长运用心理学知识帮助孩子逐步达到自我分析—自我设计—自我管理—自我实现的目标。

一是以现有科普教育基地为载体，开设生态互联营，创造家长与孩子共同参与的活动模式，引导家长观察、了解孩子，为孩子和家长做心理智能测查评估与指导建议，创造理想的育人模式，改善孩子的学习动力、人际关系等问题；二是家长教练课堂和家长沙龙，将家长培养为子女教育的专家，下设"线上课堂、线下课堂、亲子活动、一对一咨询"四个子模块，通过开放、自由的方式，用科学的育人模式帮助家长实现助人自助。

5 总结与宣传推广计划

及时总结，对重点活动进行宣传推广。通过固定合作媒体，如杭州19楼网站教育版（首次合作用户点击量超10万人次）、浙江新闻APP客户端（成功合作1期）、浙江在线环保小卫士（成功合作3期）等进行宣传推广，并做好后续的媒体报道（中国教育在线、浙江在线、浙江新闻等）。

6 实践经费来源

浙江理工大学社会实践活动经费、杭州市2016年科普工作项目经费。

7 团队成员

团队成员：李淑浩、苗黎薇、徐梦婷、于千、郑宇徽、傅恒辉、马佳瑶。

指导教师：祝莺莺、胡丽。

附件1："破析心灵密码"主题系列活动具体方案

活动名称	活动介绍	活动时间	活动对象
心理健康日系列活动	心理讲座：邀请2～3位校内外知名心理学专家、学者开设"心理健康日"讲座，为"心灵感冒"开良方 "积极心理学"进社区：组织心理学系专业学生团队进社区、进学校提供团体心理辅导 感受自我体验活动：在学校、社区等地进行房树人测验、OH卡牌、趣味心理图片和现场心理咨询等体验活动	5月23—28日	大学生、下沙周边中小学及下沙各签约社区实践基地

续表

活动名称	活动介绍	活动时间	活动对象
科普宣传周系列活动	心理讲座：邀请2～3位校内外知名心理学专家、学者开设“亲子关系”主题讲座，关注家庭教育 知识宣展：在下沙各签约社区实践基地举办“亲子关系”知识展览 快乐家庭日：组织心理学系专业学生团队进社区提供团体心理辅导，开展趣味活动，打造快乐家庭日	9月8—17日	大学生、下沙周边中小学及下沙各签约社区实践基地
省社科普及宣传周系列活动	心理讲座：邀请2～3位校内外知名心理学专家、学者开设“心理学与生活同行”系列讲座 知识宣展：编辑印发心理学科普手册《心时代》 电影展播：播放《美丽心灵》《蝴蝶效应》《心灵捕手》《本能反应》等心理学经典影片，以实例展现心理学的重要作用 最美微笑展：征集微笑照片，并进行宣展	10—11月	大学生、下沙周边中小学及下沙各签约社区实践基地
心理科普训练营	每月定期开放科普基地心理学系实验室，接受中小学、社区团体预约参观，配备大学生科普讲解员，感受心理学的魅力	全年	下沙周边中小学学生
“浙理心声”线上科普活动	每周3篇文章，推送有趣的心理学小知识，包括正能量心理学、情绪管理技巧、人际沟通技巧等 根据受众需求还增加了心理小测试、心理援助、心语心愿等互动模式 对“破析心灵密码”主题系列活动进行宣传、展示	全年	微信公众号粉丝

附件 2:青少年素质提升计划具体方案

活动名称	活动内容	活动时间	活动对象
模块 A 生态互联营	以理学院科普基地为载体,开设生态互联营。在生态互联营内,青少年可通过自认为合适的方式组队(提前或临时组队),每队为四名成员并配备两名心理学专业学生做记录、观察,通过趣味游戏和层层关卡,对青少年的心理智能进行测查评估,并向家长提供指导建议,改善青少年的学习动力、人际关系等问题。生态互联营的游戏均经过难度设计和标准评估 1. 心智模式:通过游戏观察青少年的心理智能,包括学习动力、学习能力、反应能力等。游戏包括大风吹、十字拔河等,细分为热身、趣味、挑战等不同难度系数,融入生态互联营的不同阶段中 2. 团队模式:通过自画像、穿针引线、鼓动人心、合作渡河等团队合作游戏,感受团队活动的快乐,学会相互学习和鼓励 3. 职业探索:参观物理实验室等科普基地,对专业、职业进行认识和探索,挖掘学习兴趣 4. 反馈模式:观察员将评估结果反馈给家长,并提供指导建议	暑假或 双休日	青少年

续表

活动名称	活动内容	活动时间	活动对象
模块B 家长教练课堂	在青少年参加生态互联营的同时，家长则参加家长教练课堂。家长教练课堂邀请儿童心理学方向的专家、教授为家长提供指导，旨在将家长培育成为子女教育的专家，教会家长通过趣味游戏等方式对子女的心理智能进行评估。下设“线上课堂、线下课堂、亲子活动、一对一咨询”四个子模块 1.线上课堂:“浙理心声”实时推送课程和进展 2.线下课堂:指导家长如何对子女进行观察并应用指导 3.亲子活动:亲子共同参与户外活动 4.一对一咨询:专家线下一对一解决家庭教育问题	线下活动同上;线上活动无时间限制	家长
模块C 家长沙龙	在完成模块A和模块B之后，对养成计划的效果进行跟踪，为家长提供家长沙龙服务。通过开放、自由的环境，让家长对子女教育中的实际困难进行探讨，寻求理想的育人模式，从而实现助人自助 主题包括“如何做一个陪伴型家长”“孩子犯错了怎么办”“爷爷奶奶溺爱孩子该怎么办”等。家长沙龙亦会定期邀请心理学专家、教授参加	每月一次	家长

第五章 大学生社会实践注意事项

大学生在寒暑假、节假日通过组团或个人形式进行实践，走出校园、走进社会，感知时事国情，受教育、长才干、作贡献，是融合学校教育与社会教育的重要一步。在实践过程中，大学生一定要树立“预防为主、安全第一”的观念，重视各个环节的沟通接洽和文明礼仪，使社会实践真正有效地达到预期目标。

第一节 接洽与沟通

大学生社会实践要安全、有条不紊地进行，一定要事前做好详细的实践计划和安排，同时让实践地或实践单位提前做好接待准备。实践团队成员最好与实践地或实践单位达成各方面的共识，包括实践的时间、实践调研的内容、需要实践地提供的便利等。

联系实践单位时要注意根据活动的规模、形式、内容与相关部门取得联系。例如，进行革命传统教育可找当地宣传和负责党史、地方志的有关单位；进行青年文化活动可与当地共青团组织联系；到企业参观学习可与其教育培训中心联系；等等。在与实践单位的联系过程中，实践团队成员一定要做到谦虚有礼、诚实守信，本着不提无理要求、少添麻烦、多作贡献的原则参与到实践活动中去。

同学们联系实践单位可以从以下几个方面入手。

一、他人介绍

低年级的大学生大多没有实践经历，很多大学生又想返乡回家，在家乡进行实践。这些大学生可以把实践和返乡结合起来，让家人、朋友在当地帮助联系落实实践单位，这样避免了大学生盲目地寻找，可减少不必要的麻烦。此外，还可经导师推荐到与专业紧密相关的单位进行挂职锻炼、预就业实习等方式开展实践活动。

二、寻找勤工俭学岗位

有的企业希望大学生在假期做些简单可行的工作，不仅能减少企业的运行成本，也能为企业挖掘新人提供很好的机会。国家也鼓励更多的企业参与到大学生预就业当中去。只是目前企业能提供的岗位较少，不能完全满足大学生的需求。大学生如果有这方面的意向，可通过网络和校园海报等渠道，了解学生兼职岗位的招聘信息，也可参加相关企业开展的专题招聘会。不过需提醒的是，涉世未深的大学生在寻找兼职工作的同时，要谨防上当受骗。

三、主动联系相关实践单位

大学生可以根据自己的喜好、兴趣，或者根据实践主题、内容需要主动联系相关实践单位，通过自己的劳动来得到实践单位的认可，从而获得实践的机会。

联系实践单位是一个比较重要的环节，只有联系好实践单位，根据实践单位的具体情况最终确定适合自己的实践方案，才能使社会实践达到预期目的。

第二节　安全与防范

大学生在开展社会实践活动时，必然会遇到各种安全问题。为确保人身与财产的安全，防止意外事故的发生，大学生在社会实践过程中一定要提高安全意识，预防各种安全隐患，更需要懂得一些安全常识，学会自我保护，确保实践活动全过程安全。

一、交通安全

【案例】 2017年7月13日中午，大二学生苏某带领的一支大学生社会实践团队在从当地民族村落返还途中，因该村落地处偏远，交通不便，车辆罕至，于是他们就选择了电动小三轮作为交通工具。在一个岔道口，小三轮迎面对上一辆电动车，电动车车速较快、刹车不及时直接撞上小三轮最外侧，在这一过程中，团队成员周同学在跳车时脚踝受伤。

【点评】 社会实践乘车出行，一定要选择乘坐运营规范、安全有把握的交通工具，切忌乘坐无执照、超载、故障车辆。

在交通出行方面，需注意以下事项。

(1)在实践过程中，必须选择乘坐有安全保障的交通工具，千万不能贪图便宜、方便，盲目乘坐缺乏安全保障的交通工具。对那些采用拉客、超载等手段而置乘客人身安全于不顾的行为要坚决抵制、拒乘。

(2)乘坐车、船、飞机等交通工具时，必须严格遵守各项安全乘载规定，服从工作人员的管理。

(3)在遇到交通意外事故或已经发生交通事故时，要按规范要求求生或减少伤害，绝不能随意跳车、跳船、跳机。

(4)要遵守交通规则，不抢行，不逆行；走路时要专心，打闹、聊天、玩手机都会影响对路况的判断，从而增加险情。

二、财产安全

【案例】 2016年7月，浙江省一支大学生暑期社会实践团队的林某某同学在车站买票，打算前往温州和团队集合时，因感到口渴就委托身边的陌生阿姨看管下自己的行李去买水。当时车站内人群密集，等林某某买完水回到座位时发现委托的阿姨已经不见踪影，在几经寻觅后，终于发现自己的行李被人群挤到另一边的座位附近。

【点评】 在实践过程中，要加强财产安全防范意识，不要随身携带大量现金，不戴或少戴金银首饰。随身携带的手机、相机和现金等贵重物品要放置于不易被扒手发现的部位。

在个人财产保管方面，需注意以下事项。

(1)“谨防扒手”。防扒窃要做到“三忌”“四不”。“三忌”，即忌拥挤、忌钱币金银首饰外露、忌单人长途旅行。“四不”，即见混乱不慌、见僻静不走、见拥挤不参加、见行踪可疑者不靠近。

(2)出行时，无论买票、上厕所还是去餐厅吃饭，都不要将自己的行李交给不相识的人看管。背书包出行，在人多的地方要注意书包的安全，可以手提或背在身前。贵重物品最好随身携带，不要放在背包中。

(3)在车、船上过夜时，要将贵重物品放在自己的贴身处，并用链条锁将自己的行李锁在行李架上或铺位下。

(4)在车、船、旅馆内发现扒手行窃或知道谁是可疑分子时，要及时大胆地向车、船上的公安人员或乘务员报告、检举。如果自己的钱物在出行中被扒、被窃，应立即向当地公安机关报案，并积极配合公安机关开展侦破工作。

三、投宿安全

【案例】 某年暑假，重庆一所大学的社会实践团队出了实践地车站后，苦于听不懂当地方言而无法与出租车司机交流时，一名大叔过来告诉他们可以不用舍近求远，并热情地给他们介绍附近一家旅馆，一路带领该团队的6名大二学生过去。当他们参观完大叔推荐的旅馆后，发现该旅馆存在空调不灵、浴室水龙头漏水等多个问题，决定出门寻找别的旅馆，却被旅馆内的老板和大叔拦住威胁并强制要求团队入住。

【点评】 社会实践时要选择正规的旅馆住宿，谨防受到讹诈，发生纠纷要及时报警。现在网络预订非常方便，最好提前预订好住宿的旅馆。

在外投宿时，需注意以下事项。

(1)最好预先订好住宿的地方，若没有提前预订，则到达目的地后也不要轻易被车站、码头、机场等出口处“热情”招揽旅客的拉客人员所打动，严防掉入“温柔陷阱”。那些在车站、码头等处拉客的旅店，有的无营业执照，有的虽有营业执照，但由于各种原因而管理混乱，容易发生意外。

(2)入住正规旅店或饭店后必须熟悉居住环境，熟悉消防疏散路线。

(3)贵重物品存放于保险柜或随身携带。

(4)要高度警惕不熟悉的电话和人员来访，防止被骗、被劫。

(5)夜间不要单独外出行动。

(6)夜间睡觉时，应将房门保险扣扣住，拒绝陌生人员进入房间。

四、野外安全

【案例】 某年暑假，西部某大学的8名大二学生没有选择回家，而是在云贵高原布依族苗族山寨附近开展寻访红色革命遗迹社会实践活动。当他们向主峰进发时，天空突然下起了暴雨，并伴随闪电和巨大雷声，带过去的伞很快被大风吹散架了，队伍中的一名同学在泥泞的山路上不幸被山体滑坡落下的一块巨石砸中头部，当场遇难。

【点评】 社会实践中的户外活动是不可避免的，安全非常重要，特别是在自然条件恶劣的地方，一不留神就可能酿成大祸。

在野外调研时，需注意以下事项。

(1)首先要详细了解实践地的自然环境，分析可能遇到的问题，做好各种准备；不要到安全和救援措施不完备的地方开展登山、漂流、滑雪、溜冰、游泳等探险或游艺活动。

(2)天黑以前，一定要到达预定目的地，以免夜间露宿，造成诸多不便。要合理携带行装用具。除各种必需品外，最好带上拐杖、绳子和电筒等，如果遇到意外，它们能发挥很大的作用。雨雪天、雾天登山时不要冒失走险路，以免因路滑、视线不清而失足滑跌。

(3)实践活动中,要选择安全路线,不要急于求成。要根据个人的体质,量力而行。当身体不适或感觉疲劳时,千万不要勉强运动涉险,防止因体力不支而踩空、滑倒。即使为了参观考察必须登上险要地方,也要尽量保持步态平稳、缓慢,千万不能好胜逞能,以防在峭壁旁一脚踩空,发生意外。人多路陡之处,要格外小心谨慎,互相谦让,互相照顾,防止他人碰撞跌伤。

(4)完成实践活动下山时也应注意安全。俗话说:上山容易下山难。上山时应保留一定的体力,不然下山时由于体力不济,腿脚发软,容易发生跌滑事故。下山时,切忌顺山坡一溜小跑而下,这样往往会使腿肚发胀,脚尖充血,以致发生跌滑事故。

(5)年轻人往往喜欢在登山时自辟蹊径,不走大路和台阶,专拣羊肠小道或无人走过的生路行走,这就需要特别小心。

除了常规的安全问题外,在野外调研时,还要严防迷路,避免毒蛇、野兽侵害等。

五、交友安全

【案例】　暑期社会实践团队内的大二学生胡某在网上认识了一名重庆网友林某,刚好这次暑期社会实践地就是在重庆,于是胡某和该林姓网友约好在重庆车站见面,并由林某带路到达实践地点。见面后,林某带着胡某去一家饭店吃饭,并让胡某将行李寄存在前台。吃饭过程中,林某以加几道菜为由离开饭桌,等到胡某出去找林某时,发现林某已经带着自己的行李离开了饭店。

【点评】　交友要慎重,尤其是网络上结识的网友,往往情况复杂。在校学生通常较为单纯,容易相信陌生人的话,在交友方面尤其要提高警惕,以免受到欺骗和讹诈。

在交友过程中,需注意以下事项。

(1)不要在陌生人面前流露出自己缺少社会阅历而且性格软弱。

(2)不要接受陌生人馈赠的饮料或食品,以防止不法分子在饮料或食品里添加安眠药之类的麻醉剂。

(3)不管给什么许诺,都不要答应陌生人的约会,特别是晚上去他们下榻的旅馆。

(4)不要搭理陌生人的主动搭讪或当面奉承,哪怕是其自称老乡或熟人。对女大学生来讲，不管在旅途中还是在目的地，遇见有陌生男人挑衅，不要感到害羞或恐慌，要义正言辞、落落大方，并设法尽快避开；如果坏人直接动手动脚，要大声喊叫呼救，不要怕难为情或担心受到伤害（因为坏人作案都是心虚的），如果出现紧急情况要立即报警。

(5)有些人在旅途中结识了新“朋友”，分手时是否要互留姓名、手机号码，添加微信等，需要十分慎重。

六、疾病预防

【案例】 暑期社会实践结束的最后一天，蒋同学约了团队内的几个男生半夜出宾馆找烧烤店，寻觅一圈后在附近施工地旁边找到了一个烧烤摊。上菜的时候蒋同学感觉金针菇有点异样，但因为饿最终还是吃了。回宾馆后，几人腹中作痛腹泻不止，直到第二天也没有好转，只能改签回程的高铁票，先在当地医院接受治疗。

【点评】 在异地进行社会实践的同学，除随身携带常用药物外，还要注意在外的饮食，切忌到无卫生许可的摊点就餐。如出现头疼、高热、腹泻等身体不适，要及时就医，以免延误治疗。

在疾病预防方面，需注意以下事项。

(1)水土不服。水土不服主要表现为腹泻、食欲差、周身起风疹、失眠等。水土不服一般是生理性原因造成的，通常在适应环境后可愈。若情况严重，应当及时就医。

(2)中暑。这是暑期社会实践中的常见病症，主要表现为头昏无力等，病因多由天气炎热、长时间在阳光下暴晒所致。如果在实践中出现这种症状，应暂时中断实践活动到阴凉处降温休息，并用清凉油涂于太阳穴、人中穴等处，也可口服风油精、十滴水等，还可将湿毛巾敷于前额处。若症状严重，应设法送医院救治。

(3)乳酸积累过多症、抽筋。乳酸积累过多症一般由疲劳过度所致，表现为周身酸痛，疲劳不堪，应多食碳水化合物或多饮酸性饮料。实践中激烈运动或受寒后，易出现小腿、足趾抽筋，应就地坐下休息，用手捏大脚趾，伸直脚部，轻轻按摩，并适当减小实践活动强度。

(4)传染病。在实践途中或暂留地点与来自各方的陌生人的接触较为频繁,此时要注意预防伤寒、痢疾、病毒性肝炎等传染病对自身的侵害。为此,要尽可能少用公共茶具、餐具,尽可能不用公共毛巾、浴巾,力求选用清洁的床上用品,不喝生水,不吃不卫生或变质的食物。

(5)风寒。实践途中最能感受到气候变化的迅速与突然,如果目的地较远且旅途辛苦,抵抗疾病的能力也较弱,则很容易感染风寒。实践出发前要了解目的地和途中可能出现的气候变化,带上合适的衣服,并随时添减。

(6)晕车(船、机)。有晕车(船、机)经历的人,可提前服用晕车药,必要时应闭目平卧。旅途中不宜吃油腻的食物,更不宜吃得过饱。稍有不适感时,要有意识地不看摇摆的景物。应尽可能坐在车(船)中部靠窗通风的地方。

实践过程中的疾病预防至关重要,团队成员要随身携带常用药品,必要时先服药控制病情,再及时到医院进行治疗。

七、滋扰防范

【案例】 2017 年 6 月,某地商业街烧烤店内,一名男子疑似醉酒,左右挥舞酒瓶闹事,同在这家店里吃夜宵的某大学生社会实践团队中的大二学生李某某上前制止,被该男子用一盆热水淋了一身。李某某被送至医院后,判定为二级烫伤。后在当地公安介入后,该醉酒男子进行了相应赔偿。

【点评】 对于社会上的滋扰事件,既要慎重对待,有勇有谋,也要适当妥协,以大局为重,一时的逞能或不懂得变通,可能带来严重的后果、深切的悔恨。

滋扰,广义上是指某些人员无视国家法律和社会公德而寻衅滋事、结伙斗殴、扰乱社会秩序等行为。滋事者大多是一些品行不端、行为不轨者,他们自制力差,微小的精神刺激即可使之陷入暴怒和冲动之中。有些则结成团伙,蛮横无理、为所欲为、称霸一方。

在社会实践的特殊情况下,团队成员可能会遇到滋扰事件,此时要做到“没事不惹事,有事不怕事”,具体应该注意以下几点。

(1)提高警惕,做好准备,正确看待,慎重处置。面对流氓滋扰,千万不要惊慌而要正确对待。要问清缘由、弄清是非,既不畏惧退缩、避而远之,也不随便动手、一味蛮干,应晓之以理,妥善处置。

(2)注意策略,避免纠缠,防止事态扩大。在许多场合,滋事者显得愚昧而盲目、固执而无赖,有时仅有挑衅的言语和动作,叫人可气可恼而又抓不到有效证据。遇到这种情况,团队成员一定要冷静,讲究策略和方法,注意避免纠缠,扩大事态。

(3)充分依靠组织和集体的力量,积极干预和制止违法犯罪行为。如发现流氓滋扰事件,要及时向有关部门报告,同时要注意团结和发动周围群众,对滋事者形成压力,迫使其终止违法犯罪行为。

(4)用法律武器保护他人和自己。面对流氓滋事事件,既要坚持以说理为主,不轻易动手,又要注意留心观察、掌握证据。比如,有哪些人在场,谁先动手,持何凶器,滋事者有哪些重要特征,案件大致的经过是怎样的,现场状况如何,等等。这些证据,对查处流氓滋事者是很有帮助的。

八、流氓防范

【案例】 某年9月,武汉市文保公安分局一举侦破了以"请家教"为名对女大学生强奸的系列案件。犯罪嫌疑人王某以"请家教"为名,将在街路两侧寻找家教工作的女大学生骗至偏僻处强奸,先后作案四起,给女大学生心理造成了极大伤害,在社会上产生了极坏的影响。

【点评】 这是一起非常极端的恶性事件,但却是一起真实的案件,它给我们特别是女大学生以警示:在开展社会实践或勤工俭学活动中要牢固树立安全防范意识。

在陌生环境里打工时,大学生要具备一定的防范意识。以当家教为例,大学生需注意以下几点。

(1)最好不要自己找家教,而是通过可靠的中介机构或可靠的熟人介绍。

(2)女大学生更要具备一定的防范意识,不要到偏僻的地方去做家教,到陌生人家中最好找个同学陪伴,发现情况不妙应该马上离开。若无同学陪伴,也要明确告知同学去家教的具体位置。

(3)在做家教时要提高警觉，注意自己的言行，不要给人以可乘之机，在非常情况下要及时报警，还要保存有关证据，力争通过法律手段保护自己。

通过以上案例的论述和分析，我们基本了解了大学生社会实践中可能出现的安全问题，只要同学们提高安全防范意识，相信可以有效做到防患于未然、化险为夷。

另外，大多数大学生在入学初就购买了意外伤害保险，在社会实践的过程中，出现的意外伤害都可以参照意外伤害保险的相关条款获得赔付。同时，需要购买专门的社会实践专项保险。

第三节　社交与礼仪

社交礼仪是人们在社会交往中的行为规范。遵守社交礼仪，你就会获得他人的认同和赞许，反之，就会给自己带来很多的麻烦，甚至不被人们接纳。只有掌握了必要的社交礼仪，并且自觉地应用于自己的日常生活中，才能为自己塑造一个理想的个人形象或团队形象，为自己的工作和生活赢得一个和谐空间。

社会实践活动是大学生走出校门、锻炼社交能力的一次重要机会。为了确保实践活动取得预期效果，大学生一定要掌握相关知识，注意社交礼仪，努力做到“少添麻烦，多作贡献”，努力做到“诚于中而行于外，慧于心而秀于言”。下面，以大学生开展社会实践的时间、场景为题，提醒大学生注意一些基本的社交礼仪。

一、临行礼仪

(1)联系实践单位时要特别注意礼貌。无论是团队实践还是个人实践，一般都要联系一个实践单位。无论是电话联系、上门联系还是通过亲朋好友推荐介绍，联系、接洽过程中大学生一定要做到谦恭有礼，在语言和行为上注意尊重长者、恰到好处。

(2)统一团队服装。作为实践团队，统一着装不仅能展示团队良好的精神面貌，对接待实践的单位而言也是一种讲究礼貌的体现。

(3)准备介绍信。对于比较正式的实践单位,一封介绍信能够使对方快速地了解自己的实践意图,帮助个人或实践团队较快地取得实践单位的理解和信任。

(4)准备纪念品。在出发前,实践个人特别是实践团队,最好准备一些具有学校特点的纪念品,如学校的画册、校庆纪念光盘、校园文化用品等。在实践结束后,送给接待单位或个人,既可以表达本人或团队的谢意,而且对实践单位或个人而言也是一种肯定和纪念。

二、实践过程礼仪

(一)初次接触

(1)注意个人形象,主要包括着装和精神面貌,着装要做到干净、整洁、庄重,精神风貌要饱满,即使旅途劳累,也不可表现出萎靡不振的样子。

(2)语言礼貌、得体,使用尊称,问候要真诚。

(3)握手时注意:通常是年长(尊)者先伸手后,另一方及时呼应;来访时,由主人先伸手以表示欢迎,尤其当对方是女士时,男队友切不可主动伸手。握手要有力度,不可过于无力、敷衍,也不可用力过大,以免握疼对方。

(二)餐桌礼仪

社会实践的接待单位或个人为了表示对实践团队或个人的欢迎,有时候会宴请大学生。对此,大学生首先要表示感谢,然后视实际情况确定欣然接受还是婉言谢绝。如果赴宴,大学生需注意以下几个方面。

(1)着装整洁大方,尽可能统一。

(2)就座时要谦让,让主人或长者坐主位。

(3)餐桌上不要大声喧哗打闹。

(4)大学生社会实践期间一律不允许饮酒。

(三)谈话礼仪

(1)当他人说话时,要注意倾听,不要插话打断,也不要与其他人小声交谈。

(2)注意措辞,说话时要考虑时间、地点、对象,提出问题时,要考虑对方的接受程度。

(3)在交流过程中,当谈及本人或学校时,应谦恭有礼,不要狂妄自大,也不要妄自菲薄,妄加评论。

(四)尊重风俗

实践过程中每到一地,都应事先了解清楚当地有什么特殊的生活习惯,有什么需要避讳的事情,最好在出发之前就通过网络、书籍等对此有所了解。不要断然批评当地的气候、饮食、经济发展等情况,或是盲目指责当地的一些风俗习惯为封建迷信,在偏远的山区或少数民族居住区时尤其要注意。

(五)宾主尽欢

在实践过程中,接待单位或个人为了表示自身的好客与友好,可能会邀请大学生参观当地的一些名胜古迹。大学生在游玩的过程中,也要注意礼节,可尽量夸奖当地风景秀丽、人杰地灵,同时要照顾到主人的情况,达到宾主尽欢的效果。如爬山时,不可因体力不支就半途而废,自顾休息;也不可不顾主人的体力,自顾玩得痛快。

三、临别礼仪

(一)清还物品

在实践过程中向当地的老乡或接待单位借用的物品一定要如数归还,如有损失一定要照价赔偿，并表示感谢或歉意。

（二）注意卫生

借住在当地的老乡或接待单位时，要注意保持日常卫生，临行前把驻地的室内外卫生搞好，以不给别人添麻烦为出发点，切不可因为小事、小节自毁形象。

（三）赠送纪念品

大学生个人或团队去某地进行社会实践，肯定会给负责接待的单位及其负责人增添很多麻烦，离别之际应该赠送一些纪念品以表示感谢。赠送纪念品时要注意赠送的范围，不要给对方留下厚此薄彼的感觉，若纪念品数量不够，也应该稍加说明，把心意带到。

（四）其他善后工作

回到学校后，给接待单位打个电话或寄封感谢信再次表示感谢，或者补寄纪念品或锦旗表示感谢。如果在实践过程中有合影，来不及当时赠送的，可事后邮寄，让对方感受到自己真诚的谢意。

第六章　浙江省大学生社会实践项目指南

浙江省大学生社会实践要深入学习贯彻习近平新时代中国特色社会主义思想特别是习近平总书记关于青年工作的重要思想，引领大学生扎根祖国大地，了解国情省情民情，通过社会实践坚定理想信念、站稳人民立场、练就过硬本领、投身强国伟业，进一步增强“四个意识”、坚定“四个自信”、做到“两个维护”，以实干担当的奋斗姿态全面投身“努力成为新时代全面展示中国特色社会主义制度优越性的重要窗口”建设。大学生要走进基层、走进群众，要做践行社会主义核心价值观的倡导者、先行者。要以引领青年学生树立和践行社会主义核心价值观、积极投身“四个全面”战略布局为重点，坚持“受教育、长才干、作贡献”的宗旨，体现社会实践与社会观察、志愿服务、专业学习、就业创业的有机结合，按照“目标精准化、工作系统化、项目实施化、传播立体化”和“按需设项、据项组团、双向受益”的原则，通过组建重点团队和实施专项计划，广泛开展相关实践服务活动，努力扩大活动覆盖面、提升活动参与度。通过实践锻炼，让大学生们坚定理想信念，勤奋学习，全面发展，在推动浙江改革发展中贡献出全部的力量。

第一节　实践项目主题

一、实践选题

(1)普及宣讲。实践队伍可深入农村乡镇、城市社区、企业单位等，主要围绕习近平新时代中国特色社会主义思想和社会主义核心价值观开展形式多样的普及宣讲活动。

(2)防疫故事宣讲。新冠肺炎疫情防控工作充分体现了中国共产党领导下全国人民强大的凝聚力、战斗力，展示出富有时代特征的“中国精神”，其中涌现出一大批英雄人物，实践队伍要讲好英雄故事，传播“中国精神”。

(3)科技支农帮扶。实践队伍可前往相关县域与当地农业部门或农业广播电视学校合作，开展农技人员培训、农业科普讲座、先进农技推广、为农民提供“田间地头”的生产实践指导等服务活动。

(4)教育关爱服务。实践队伍可到省内一些教育资源相对匮乏的地区，协助当地教育部门开展教师培训，开发当地教育资源，提升教学质量。同时，以关爱留守儿童为重点，开展课业辅导、素质拓展、亲情陪伴等活动。

(5)文化艺术服务。实践队伍以弘扬时代精神、倡导文明新风为目标，以反映社会主义核心价值观为主要内容，结合浙江省农村文化礼堂建设，精心编排贴近基层群众生活的文艺节目，到农村各乡镇街道中开展巡回演出。

(6)爱心医疗服务。实践队伍可到农村乡镇开展流行性疾病防控宣传讲座及基本医疗卫生知识普及等活动，为农民进行健康普查和常见疾病治疗，结合基层实际需求培训当地医务人员，捐送部分药品和医疗器械，并协助建设乡(村)医疗站。

(7)美丽浙江实践。实践队伍可到农村乡镇和城市社区，助力“五水共治”，围绕“三改一拆”、环境污染、水资源保护、渔场修复振兴、垃圾处理、气候异常、资源开发、自然灾害预防等，开展环保科普宣传、文艺作品展演、社会调查研究、生态文化寻访等活动，传播生态文明理念，引导健康生活方式，助力建设美丽浙江，创造美好生活。

(8)党史学习教育。实践队伍可到浙江大地开展党史学习教育活动。引导大学生以史为镜、以史明志,充分利用好嘉兴南湖等一系列省内红色资源,寻访革命前辈英雄事迹,从而激发为实现中华民族伟大复兴而奋斗的信心和动力。

二、专项实践活动

围绕以上主题,可以深入开展各种专项实践活动。

(1)"家燕归巢"大学生回乡报到专项活动。引导大学生关心家乡发展,积极投身家乡建设,鼓励当地大学生到乡镇、街道团委报到,在各乡镇、街道团委的统一组织下,广泛开展形式多样的社会实践活动,为家乡建设添砖加瓦。

(2)"圆梦中国·丝路新世界"专项活动。以"一带一路"倡议实施为契机,实践团队可实地考察和调研丝绸之路的历史文化、经济社会发展现状,为"一带一路"倡议实施建言献策。

(3)"三禁三自"专项活动。组建以"三禁三自"宣传教育为主要方向的社会实践团队,针对涉黄、涉毒、涉赌较严重的城镇和农村广泛开展宣传教育活动,传播"三禁"知识。

(4)科普反邪教专项活动。实践队伍可借助各设区市、高校反邪教协会的资源,深入学习、宣传及践行党的十九大精神,引领大学生树立和践行社会主义核心价值观,宣传党和政府防范、处理邪教问题的政策法规,传播科学精神,弘扬先进文化,彰显当代大学生的青春风范。

(5)食品安全专项活动。实践队伍可依托各设区市食品安全办、食品药品监管局以及高校食品等专业的资源,加强食品安全科普知识宣传力度,不断提高公众的认知水平和自我保护意识。

(6)"春泥计划"专项活动。结合共青团中央"七彩假期"青少年志愿者关爱农村留守儿童志愿服务项目内容,在浙江省内部分行政村开展支持服务未成年人思想道德教育"春泥计划"和关爱留守儿童活动,重点加强农村未成年人和留守儿童的假期陪伴、学业辅导、技能培训、自护教育、文体活动、实现微心愿等志愿服务工作。

(7)墙体公益专项活动。与美术相关专业大学生可组建墙体公益专项团队,结合美丽乡村和农村文化礼堂建设,在全省各乡村开展墙绘活动,营造文明乡村氛围,弘扬社会主义核心价值观。

(8)信息化专项活动。实践团队可依托各地市通讯运营公司和自身的相关专业，围绕数字浙江建设，结合实习生项目、就业创业见习基地、大学生信息科技下乡，以及志愿服务山区、海岛、边远地区活动等内容开展。

第二节 热点专题导航

一、专题一：忆“红船精神”，扬改革之帆

活动内涵：“红船精神”指的是开天辟地、敢为人先的首创精神，坚定理想、百折不挠的奋斗精神，立党为公、忠诚为民的奉献精神。

活动背景：1921年中国共产党第一次全国代表大会在浙江省嘉兴南湖的一条游船(红船)上胜利闭幕，庄严宣告中国共产党的诞生。2005年6月，时任浙江省委书记习近平同志在《光明日报》发表《弘扬“红船精神” 走在时代前列》的署名文章，首次凝练概述了以“开天辟地、敢为人先的首创精神，坚定理想、百折不挠的奋斗精神，立党为公、忠诚为民的奉献精神”为主要内涵的“红船精神”。2017年10月，习近平总书记带领中共中央政治局常委赴上海瞻仰中共一大会址、赴浙江嘉兴瞻仰南湖红船。习近平总书记强调：“上海党的一大会址、嘉兴南湖红船是我们党梦想起航的地方。我们党从这里诞生，从这里出征，从这里走向全国执政。这里是我们党的根脉。”“红船精神”是中国共产党的先进性之源，红船起航于浙江，是浙江的光荣。改革开放以来，特别是进入新世纪以来，历届浙江省委充分挖掘“红船精神”，弘扬“红船精神”，推动浙江省干在实处、走在前列、勇立潮头。

活动意义：青年兴则国家兴，青年强则国家强，“红船精神”为广大青年指引了人生航向，坚定了理想信念。大学生不仅要认真学习“红船精神”，重温红船的历史，更要在实践中践行“红船精神”，激发创新活力和改革信念，从党的光辉历史中汲取奋进的力量，在为党和人民事业不断作贡献的同时书写好自己的人生篇章，做有理想、有本领、有担当的好青年。

二、专题二：弘扬伟大抗疫精神，传播正能量

活动内涵：抗击新冠肺炎疫情战斗取得重大战略成果，充分展示了中国共产党领导和我国社会主义制度的显著优势，充分展现了中国人民和中华民族的伟大力量，充分展现了中华文明的深厚底蕴，充分展现了中国负责任大国的自觉担当，极大增强了全党全国各族人民的自信心和自豪感、凝聚力和向心力。

活动背景：2020 年 1 月，突如其来的新冠肺炎疫情在湖北武汉暴发并迅速蔓延开来，中国共产党团结带领全国各族人民，进行了一场惊心动魄的抗疫大战，经受了一场艰苦卓绝的历史大考，付出了巨大努力，取得抗击新冠肺炎疫情斗争重大战略成果，创造了人类同疾病斗争史上又一个英勇壮举。

活动意义：在疫情防控常态化背景下，组织学生以专业技能为依托，参与社区防控排查、社会秩序维护、疫后心理疏导、医护子女辅导、便民利民服务、关爱留守儿童、参加生产劳动和顶岗实习等，特别是组织开展典型事迹宣讲，讲好钟南山、张伯礼、张定宇、陈薇以及千千万万平凡但又伟大的抗疫工作者的故事，为展现中国力量、弘扬抗疫精神、传播正能量、促进经济社会发展贡献力量。

三、专题三：在全社会大力弘扬社会主义核心价值观

活动内涵：社会主义核心价值观基本内容：富强、民主、文明、和谐，自由、平等、公正、法治，爱国、敬业、诚信、友善。

活动背景：党的十八大报告强调指出，“倡导富强、民主、文明、和谐，倡导自由、平等、公正、法治，倡导爱国、敬业、诚信、友善，积极培育和践行社会主义核心价值观”。这一论述明确了社会主义核心价值观的基本理念和具体内容，指出了社会主义核心价值体系建设的现实着力点，是对社会主义核心价值体系建设的新部署、新要求。正确理解社会主义核心价值观的内涵，深刻把握并积极培育和践行社会主义核心价值观的重要性，对于推进社会主义核心价值观体系建设，具有重要指导意义。

活动意义：社会主义核心价值观是指引当代大学生健康成长的航标，高校的教育工作者在自身践行社会主义核心价值观的同时，要担负起教育引导大学生牢固树立

社会主义核心价值观的重任。把社会主义核心价值观贯穿于“育人”“教书”的全过程，使大学生成为德才兼备的社会主义事业的建设者和接班人。

四、专题四：“一带一路”新世界，青春践行中国梦

活动内涵：“一带一路”是“丝绸之路经济带”和“21世纪海上丝绸之路”的简称，秉承共商、共建、共享原则，积极与沿线国家实现共赢发展。

活动背景：2013年9月，习近平总书记在出访中亚和东南亚国家期间，先后提出“一带一路”的重大倡议。2017年5月，首届“一带一路”国际合作高峰论坛在北京举行，习近平总书记提出了丝路精神的核心是和平合作、开放包容、互学互鉴、互利共赢。“一带一路”是党和国家新一代领导集体对中国21世纪未来发展的顶层设计和蓝图规划，是实现中华民族伟大复兴的“中国梦”和两个一百年目标的重要战略与必经之路，也是对我国当代青年是否有担当、是否具有历史责任感的现实考验。

活动意义：当代青年是国之未来，是社会主义事业的接班人，时代赋予当代青年无上光荣的历史使命，亦使当代青年面临重大艰巨的时代任务，鼓励青年大学生开展“一带一路”主题社会实践，让大学生更全面系统地理解“一带一路”重大倡议，参与到“一带一路”的建设中来，做“一带一路”的倡议者、服务者、建设者，这对我国未来的政治发展、经济建设、文化发展以及社会稳定长治久安亦具有重大意义。

五、专题五：坚定文化自信，担当文化新使命

活动内涵：文化自信是一个民族、一个国家以及一个政党对自身文化价值的充分肯定和积极践行，并对其文化的生命力持有的坚定信心。

活动背景：在2014年2月24日的中央政治局第十三次集体学习中，习近平总书记提出要“增强文化自信和价值观自信”。之后，习近平总书记又对此有过多次论述，“中国有坚定的道路自信、理论自信、制度自信，其本质是建立在5000多年文明传承基础上的文化自信”，“我们要坚定中国特色社会主义道路自信、理论自信、制度自信，说到底是要坚持文化自信”。文化自信于是成为继道路自信、理论自信和制度自信之后，中国特色社会主义的“第四个自信”。文化自信，是更基础、更广

泛、更深厚的自信。中国人自信的“文化”包括中华民族优秀传统文化、革命文化、社会主义先进文化等。博大精深的中华民族优秀传统文化，能“增强做中国人的骨气和底气”，是我们最深厚的文化软实力，是我们文化发展的母体，积淀着中华民族最深沉的精神追求；鲜明独特、奋发向上的革命文化，富有时代特征、民族特色，在新形势下不断进行着再生再造、凝聚升华；承前启后、继往开来的社会主义先进文化，是对中华民族优秀传统文化和红色革命文化的继承和发展，是运用马克思主义为指导所进行的文化创造。

活动意义：文化是一个民族的精神和灵魂，一个强大的民族往往具有强烈的文化自信和民族尊严，从而增强民族凝聚力，使这个民族焕发出强烈的创造力。当今时代，综合国力的竞争表现在政治、军事、科技、文化等各个方面。文化代表着国家身份和民族形象，文化软实力的提升可以反过来助推硬实力的提升，进而维护国家安全和社会稳定，树立国家良好形象。作为当代青年大学生，应当进一步增强责任感和使命感，抓住机遇，义不容辞地挑起振兴中华的重担。

六、专题六：打造“健康浙江”，让百姓健康获得感强起来

活动内涵：“健康浙江”可具体化为 11 项国民健康行动，即健康环境改善行动、食品药品安全保障行动、公共安全强化行动、健康素养提升行动、全民科学健身行动、基本医疗卫生服务均等化行动、中医药传承创新行动、健康保障完善行动、健康产业发展行动、体制机制改革深化行动、健康城镇建设行动。

活动背景：2016 年 12 月，浙江省委、省政府印发《健康浙江 2030 行动纲要》。该行动纲要紧密衔接中央精神，以习近平、李克强、刘延东同志在全国卫生与健康大会上的讲话精神和《“健康中国 2030”规划纲要》为基本依据，充分运用卫生强省和健康浙江的理论成果、实践经验，按照“秉持浙江精神，干在实处、走在前列、勇立潮头”的要求，着力突出浙江特色。2017 年 6 月，车俊在浙江省第十四次党代会上的报告中再次提到“健康浙江”的建设：“树立大健康理念，实施大健康战略，普及健康生活、优化健康服务、完善健康保障、建设健康环境、发展健康产业，把健康融入所有政策，办好 2022 年杭州亚运会，开展体育现代化创建，高水平建设‘健康浙江’。”2020 年 8 月，袁家军强调，健康浙江是“两个高水平”的重要体现，是区域竞争力和美誉度的重要标

志，也是建设“重要窗口”的重大任务。

活动意义：提升群众健康素养，增进人民福祉，牢固树立大健康理念，显著提升群众健康水平和生活品质，使人人享有与浙江省经济社会发展水平相适应的健康服务，人群主要健康指标达到高收入国家水平，为高水平全面建成小康社会奠定坚实基础。

七、专题七：“绿水青山就是金山银山”理念助推生态文明建设

活动内涵：“绿水青山就是金山银山”理念指的是“我们既要绿水青山，也要金山银山。宁要绿水青山，不要金山银山，而且绿水青山就是金山银山”。“绿水青山就是金山银山”理念是习近平新时代中国特色社会主义思想的重要内容，是丰富和发展了中国特色社会主义理论的重要组成部分。

活动背景：2005 年 8 月 15 日，时任浙江省委书记习近平到安吉天荒坪镇余村考察。在座谈会上，村干部介绍了关停污染环境的矿山，靠发展生态旅游致富，实现了“景美、户富、人和”。习近平听了高兴地说：“我们过去讲，既要绿水青山，又要金山银山。其实，绿水青山就是金山银山。”9 天后，习近平在《浙江日报》的“之江新语”栏目发表《绿水青山也是金山银山》的评论，鲜明提出，如果把“生态环境优势转化为生态农业、生态工业、生态旅游等生态经济的优势，那么绿水青山也就变成了金山银山”。2015 年 3 月，习近平总书记主持召开中央政治局会议，会议通过了《关于加快推进生态文明建设的意见》，正式把“坚持绿水青山就是金山银山”的理念写进中央文件，成为指导中国加快推进生态文明建设的重要指导思想。

活动意义：“绿水青山就是金山银山”理念表明“既要金山银山，也要保住绿水青山”。要正确处理好经济发展同生态环境保护的关系，牢固树立保护生态环境就是保护生产力、改善生态环境就是发展生产力的理念，更加自觉地推动绿色发展、循环发展、低碳发展，决不以牺牲环境为代价去换取一时的经济增长。当代青年大学生要努力争当生态文明建设的实践者、美丽中国建设的先行者。

八、专题八：好家风好家训主题活动

活动内涵：中华民族历来重视家庭，尊老爱幼、妻贤夫安，母慈子孝、兄友弟恭，耕读传家、勤俭持家，知书达礼、遵纪守法，家和万事兴等中华民族传统家庭美德，铭记在中国人的心灵中，融入中国人的血脉中，是支撑中华民族生生不息、薪火相传的重要精神力量，是家庭文明建设的宝贵精神财富。开展建设美丽乡村、寻找最美家庭、弘扬最美家风等相关实践活动，为树立家庭文明新风尚、深化文明村镇创建、营造"家风好、民风纯"的良好社会风气增添青春力量。

活动背景：2016 年 12 月，习近平总书记在会见第一届全国文明家庭代表时的讲话中指出："无论时代如何变化，无论经济社会如何发展，对一个社会来说，家庭的生活依托都不可替代，家庭的社会功能都不可替代，家庭的文明作用都不可替代。"无论过去、现在还是将来，绝大多数人都生活在家庭之中。我们要重视家庭文明建设，努力使千千万万个家庭成为国家发展、民族进步、社会和谐的重要基点，成为人们梦想起航的地方。广大家庭都要把爱家和爱国统一起来，把实现家庭梦融入民族梦之中，心往一处想，劲往一处使；广大家庭都要重言传、重身教，教知识、育品德，身体力行、耳濡目染，帮助孩子扣好人生的第一粒扣子，迈好人生的第一个台阶；广大家庭都要弘扬优良家风，以千千万万家庭的好家风支撑起全社会的好风气。2021 年 4 月 8 日，中宣部、中央文明办、全国妇联在北京召开推进家庭家教家风建设座谈会。会议强调要以《习近平关于注重家庭家教家风建设论述摘编》出版为契机，深入学习贯彻习近平总书记重要指示精神，大力加强家庭文明建设，广泛弘扬社会主义家庭文明新风尚，汇聚亿万家庭的力量奋斗新时代，奋进新征程。

活动意义：学习习近平总书记关于注重家庭、家教和家风问题的论述具有十分重要的现实意义。唯有千千万万个家庭的家风好、子女教育得好，整个社会风气才有好的基础；也唯有每一个家庭的家风好，千千万万个家庭才能成为国家发展、民族进步、社会和谐的重要基点。大学生参与好家风好家训主题实践活动，既有利于传播主题思想，也有利于自身家庭的家教家风建设。

第七章　社会实践课程安排

社会实践课程是各专业学生必修的大学通识课程之一，是学生必修的实践性教学环节，教学一般由高校党委学工部（学生处）、教务处或团委负责实施。社会实践课程主要安排在寒、暑假进行（本科生一般安排在大二，研究生一般安排在研一），教学组织形式采取集中、分散相结合的方式，规定学时、学分，一般课程学时为32～40学时（1～2周），计1～2个学分，成绩采用五级制（优秀、良好、中等、及格、不及格）评定，不及格者必须重修。下面从教学目标、教学要求、教学组织、评价体系等四个方面进行简述。

第一节　教学目标

一、课程的地位、作用、属性以及与其他相关课程的关系

大学生社会实践是全面落实党的教育方针，把社会主义核心价值体系贯穿于国民教育全过程，深入实施素质教育，大力提高高等教育质量的必然要求。社会实践课程对于增强学生服务国家服务人民的社会责任感，培养勇于探索的创新精神，提升善于解决问题的实践能力具有重要作用，对于深化教育教学改革、提高人才培养质量，服务于加快转变经济发展方式、建设创新型国家和人力资源强国具有深远意义。

本课程是各专业学生必修的大学通识课程中的实践性教学环节。本课程与思政理论课、专业课中的实践性教学环节既有联系,又有区别。本课程的内容范围包含了思政理论课、专业课中的实践性教学,但比其范围更广。本课程与专业相关的企业调研、基层实践等环节,可以帮助学生认清专业发展形势,提高学生对专业学习的兴趣,明确职业生涯发展的方向,确定自我发展的目标;在本课程中学习到的知识及锻炼获得的能力可以迁移至其他课程的学习中。

二、知识、能力和素质目标

课程目标1:了解国情、省情、民情,掌握实践安全、实践方法等基础知识,结合自身专业特点,积极寻找与所学专业相关的实践岗位,努力在岗位上巩固专业知识,认清专业发展形势,提升认知水平,强化专业学习的兴趣,修正生涯规划,提高求职就业竞争力,为适应社会需求做好充分准备。

课程目标2:通过社会实践,增强提出问题、分析问题、解决问题的能力。

课程目标3:切实体现“受教育、长才干、作贡献”的宗旨,增强学生服务国家服务人民的社会责任感、勇于探索的创新精神和遵规守纪意识,努力提高学习能力、实践能力、创新能力与团队协作能力,全面提升大学生综合素养。

第二节 教学要求

一、课程教学内容与学习目标

本课程包括理论授课、社会实践、成果交流三个环节:校内理论授课主要讲授国情省情、实践安全、实践方法与技巧等基础性知识,社会实践环节要紧密结合专业学习和社会服务,成果交流环节是指学生将实践过程、成果制作成演示文件,进行公开交流。本课程主要围绕以下内容展开。

(一)专业实践

指导学生结合自身专业所学,参与相关企事业单位或共建基地的实习实践,力争在工作岗位上巩固专业知识,提升应用能力,为适应求职就业或创新创业做好充分准备,同时力争在解决社会问题、提出工作建议方面发挥大学生应有的作用。

(二)主题实践

指导学生结合国家及地方经济社会发展热点问题和重点工作(如"一带一路"倡议、"重要窗口"建设等),组建一定规模的社会实践团队,开展各类公益性主题实践活动(如支教活动、志愿服务、环境保护等),及时对实践成果进行总结提炼和宣传推广,组建校院两级社会实践成果宣讲团,搭建新生始业教育社会实践专题宣讲平台。

(三)调研实践

指导学生根据实际条件,有针对性地走访优秀企业或优秀校友,研究企业对大学生素质的要求、所学专业的发展前景,进一步了解企业的用人需求,收集企业和校友对学校专业设置、教学管理、创新创业教育等方面的意见与建议。

二、课程任务书模板

××××学年第二学期社会实践课程任务书(学生用)

各位同学:

积极参与社会实践,提升专业技能,关注社会热点,了解社会需求是新时期提升大学生综合素质的重要途径,也是大学期间的一门必修课程。现根据学校教学的有关安排,请同学利用暑假时间,结合自身生涯发展规划与所学专业要求,选择完成其中一项或多项实践项目。

任课教师：　　　　　　　　　　联系电话：

电子邮件：　　　　　　　　　　作业上交地址：

年　　月　　日

实践项目	任务要求	成果形式
专业实习实践	结合自身专业特点，积极寻找与所学专业相关的实践岗位，努力在岗位上巩固专业知识，提升认知水平，为适应求职就业和社会需求做好充分准备。对实践中的所感所想，能认真总结，加以提炼，形成书面报告	提交书面实践总结报告，并附岗位实践证明
职业生涯规划调研访谈	根据自身发展要求，走访若干家具有一定规模的企业或采访数位知名度较高的校友，围绕企业对大学生素质的要求、所学专业的发展前景、创业经历和感想等专题，与企业负责人、人事部门经理、校友或单位职工进行访谈。结合调研所得，深入思考自身今后的发展路径，并对学校专业设置、教学管理、创新创业教育等方面提出建议及意见 附表1——企业现状及需求调查表；附表2——生涯人物访谈表；附表3——优秀校友采访表	提交书面实践总结报告、实践佐证材料（访谈视频或照片，以电子邮件的形式报送）
参加主题实践小分队	报名参加学校相关职能部门和学院组织的暑期社会实践重点小分队，能围绕活动主题积极参加实践活动，切实体现“受教育、长才干、作贡献”的宗旨，努力提高学习能力、实践能力与创新能力 围绕当前社会热点问题或自身正在研究的课题，特别是“挑战杯”以及“互联网＋”大学生创新创业大赛等内容，自发组成实践小分队（负责人须提前将活动方案报到任课教师处，经学院立项后方可实施），能围绕主题深入开展活动，对取得的成果进行全面总结、分析和提炼，并积极争取公开发表相关文章	提交书面实践总结报告、实践佐证材料（视频或照片或媒体报道截图，以电子邮件的形式报送）或有关单位证明

注：①用于社会实践课程学分认定的成果不能再用于第二课堂学分的认定；

②实践总结报告一般要求2000～3000字，杜绝抄袭；

③请于新学期开学第一天将实践成果交至任课教师处，按要求进行实践成果交流，逾期将视为实践任务未完成。

附表 1　企业现状及需求调查表

<table>
<tr><td>单位名称</td><td colspan="3"></td><td>单位隶属</td><td></td></tr>
<tr><td>单位地址</td><td colspan="3"></td><td>所有制性质</td><td></td></tr>
<tr><td>单位性质</td><td colspan="5">党政机关□　科研设计□　教育□　金融□
商贸公司□　厂矿企业□　其他□</td></tr>
<tr><td>法人代表</td><td></td><td>联系电话</td><td></td><td>手机</td><td></td></tr>
<tr><td>人力资源部主管</td><td></td><td>联系电话</td><td></td><td>手机</td><td></td></tr>
<tr><td>网址</td><td colspan="2"></td><td>E-mail</td><td colspan="2"></td></tr>
<tr><td colspan="6">单位简介(可另附页,或附宣传册、光盘等单位宣传资料):

单位盖章</td></tr>
</table>

今后两至三年人力资源需求

需求专业	人数	要求

学生班级:　　　　　　　学号:　　　　　　　姓名:

附表 2　生涯人物访谈表

<table>
<tr><td rowspan="3">生涯人物信息</td><td>姓名</td><td></td><td>单位名称</td><td colspan="2"></td></tr>
<tr><td>职务</td><td colspan="2"></td><td>单位性质</td><td></td></tr>
<tr><td>联系方式</td><td colspan="4">电话：　　　　手机：　　　　E-mail：</td></tr>
<tr><td colspan="6">采访摘要(可另附页)：</td></tr>
<tr><td colspan="6">采访体会(可另附页)：</td></tr>
</table>

学生班级：　　　　学号：　　　　姓名：

附表3　优秀校友采访表

校友姓名		性别	
出生年月		政治面貌	
工作单位			
职务		职称	
毕业时间		毕业院系	
办公电话		手机	
QQ		E-mail	
通信地址		邮编	

个人简历：

访谈简要记录：

对母校大学生寄语：

学生班级：　　　　学号：　　　　姓名：

第三节　教学组织

一、课程学时分配及教学安排

(一)课程学时分配

具体的课程学时分配情况如表 7-1 所示。

表 7-1　课程学时分配

课程内容	社会实践理论学习	社会实践	社会实践成果交流	合计
课时数	4	32	4	40

(二)教学安排

1.校内理论授课

任课教师认真落实工作职责，做好选课名单确认、任务布置、制度宣讲、安全教育等相关工作。要求在多媒体教室进行授课，教师事先准备课程教学课件(包含实践要求、实践方法与技巧、制度宣讲、安全教育、考核要求等相关内容)，分享往年优秀实践案例(图文、视频、网络资源等)，或者邀请往年优秀实践团队来做实践经验分享，或者组织授课学生参加校内优秀实践成果表彰会，提供多种学习体验，有效调动学生的学习积极性。在授课中采用启发式、讨论式等多种行之有效的教学方法，加强师生之间、学生之间的互动交流，引导学生独立思考和团队协作，强化思维训练和语言表达能力训练。

2.社会实践

实践过程中,教师直接带队,或者应用新媒体手段组建微信群、钉钉群等交流平台,向学生公布个人电子信箱和联系电话,进行学生实践过程中的辅导答疑及安全监管,随时沟通和指导,做好教学过程管理。

3.实践成果交流会

实践结束后组织实践成果交流会(一般在新学期开学初),成果交流会以个人或团队分享等形式,在多媒体教室进行交流、总结、评比。教学班内个人或团队之间进行互相评价,其结果占课程总成绩的40%。

二、课程学习建议

本课程需自学计算机及互联网基础知识、形势与政策知识、统计学基本知识、社会调查与分析知识等。

本课程以学生自主实践为主、教师讲课为辅。选课学生根据“社会实践课程任务书”要求,认真选择实践项目,学生可以个体行动,或者自行组队,或者参与学校(学院)组织的社会实践团队。要求认真学习相关理论知识,同时可关注共青团中央“三下乡”官网、共青团省委等相关网站进行自学,也可向高年级优秀社会实践者请教学习。在实践过程中应及时总结成果,积极撰写实践心得体会及实践报告,新学期报到日直接将社会实践课作业交至任课教师处。

第四节　评价体系

一、课程考核方式

考核依据为社会实践报告成绩(50%)+实践成果交流成绩(40%)+课堂表现

(10%)，如表 7-2 所示。评价方式为五级制，即分为优秀、良好、中等、及格、不及格，具体可参见表 7-3，不及格者需重修。

表 7-2　课程考核方式及考核要求

考核方式或途径	考核要求	考核权重(%)	评估课程目标
课堂表现	无旷课、迟到、早退，认真听讲，积极参与	10	课程目标 1、3
实践成果交流	以 PPT 或电子书等形式进行限时实践成果汇报交流，依据学生现场表现采用学生个人或团队互评的形式进行评价	40	课程目标 2、3
社会实践报告	1 份，2000～3000 字，图文并茂，实践过程中若取得相关成果(成果公开出版，或获得实践荣誉，或被新闻媒体报道，或意见、建议被有关部门、单位采纳等)，要提供相关证明材料，依据报告质量或实践成果来评判	50	课程目标 1、2、3

任课教师将课程成绩评定后，及时通过教务管理系统提交成绩，并将纸质的成绩登记表签名后交至开课单位。

表 7-3　社会实践课程考核参考标准

等级	考核标准	成果形式
优秀	积极参加相关的实践教学环节，十分注重专业知识的运用和积累，高质量完成书面实践报告	书面报告和岗位实践证明
	作为经校团委或学院立项的暑期社会实践小分队主要成员，在实践过程中发挥重要作用，所在小分队受到省级及以上级别主流媒体的正面报道，受到表扬，活动效果突出	书面实践报告、视频、照片材料及有关单位证明
	通过学习、积极思考，作为第一作者并以所在学校的名义公开出版或发表所取得的成果	成果复印件

续表

等级	考核标准	成果形式
良好	按照任务书要求,积极参加相关的实践活动,真实记录心得体会,较高质量完成书面实践报告	书面实践报告
	作为经校团委或学院立项的暑期社会实践小分队主要成员,在实践过程中发挥积极作用,所在小分队能顺利完成实践任务,取得良好的社会效果,并得到社会肯定和单位好评	书面实践报告、视频、照片材料及有关单位证明
中等	按照任务书要求,积极参加相关的实践活动,真实记录心得体会,独立完成书面实践报告	书面实践报告
	参加经校团委或学院立项的暑期社会实践小分队,所在小分队能顺利完成实践任务,有一定的正面效果,受到指导教师的较好评价	书面实践报告及指导教师证明
及格	按照任务书要求,积极参加相关的实践活动,真实记录心得体会,能够完成书面实践报告	书面实践报告
不及格	不按照任务书要求开展实践活动,未按时递交书面实践报告或实践报告存在抄袭、杜撰现象	—
	参加校团委或学院暑期社会实践小分队,因个人原因给实践活动或学校声誉带来不利影响的	—

注:①优秀人数原则上不超过教学班人数的30%;

②实习实践报告、生涯访谈报告或调研报告一般要求2000~3000字,杜绝抄袭。

第八章　大学生社会实践经典案例

∵ **专业实践类**

决胜小康路，浙里筑梦行

——浙江理工大学“艺‘畲’奔小康，并肩谱华章”主题实践活动

一、缘起

“全面建成小康社会，少数民族一个都不能少，一个都不能掉队”——党的十九大以来，习近平总书记多次深入民族地区调研，问冷暖、听心声，每一个脚印、每一句话语都饱含对少数民族贫困群众的深深牵挂。我们国家有着博大精深的优秀少数民族非物质文化遗产，它能“增强做中国人的骨气和底气”，是我们最深厚的文化软实力。

2020 年暑期，由浙江理工大学艺术与设计学院团委组织的“决胜小康路，浙里筑梦行”社会实践团队，走访了浙西南景宁畲族自治县的畲族乡村，以“艺‘畲’奔小康，并肩谱华章”为主题开展暑期社会实践，感受畲族文化的魅力，助力畲族传统非遗文化的推陈出新。活动在深挖畲族非遗文化丰富内涵的基础上，对非遗文化人及相关企业进行了采访和调研，并采用媒介传播、艺绘文创等形式展现畲族文化特有的风采。

在前期的调研中，实践团队对近500位青年群体进行了线上调研，相关数据显示，近44%的人不知道畲族的存在，对畲族的了解也多停留于名称等表面特征上。究其缘由，还是少数民族（畲族）文化的宣传力度不够。

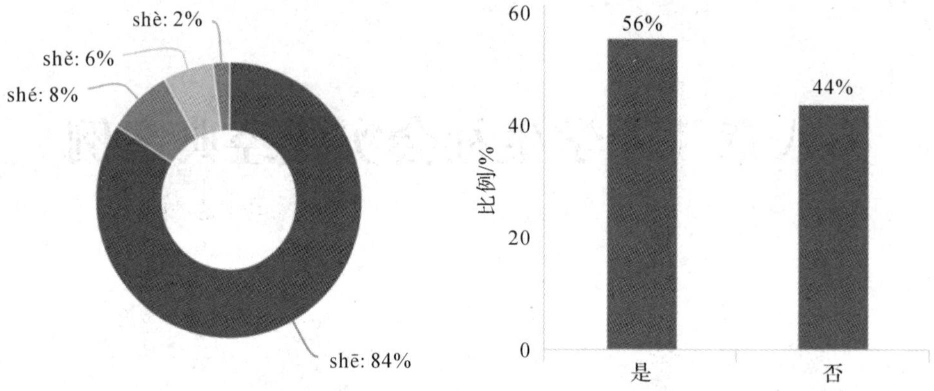

有关"您知道56个民族当中有一个叫作畲族的少数民族吗"的调查结果

"决胜小康路，浙里筑梦行"暑期社会实践团队成员充分运用所学知识，开拓创新，为畲族文化产品的开发注入活力，用艺术设计等专长服务宣传畲族文化。

二、做法：走进畲乡，亲历畲汉文化交融

浙江理工大学艺术与设计学院的艺术教育办学特色鲜明，一直积极探索艺术创作与少数民族文化结合的新形式。为顺应"艺'畲'奔小康，并肩谱华章"的实践主题，艺术与设计学院团委以"畲族魅力，文化传承"作为活动核心，从延续畲族文化血脉中开拓前进，结合畲族非遗文化帮扶政策，吹响浙理师生设计扶贫的号角。

为弘扬畲族文化，学院团委特别组织实践团成员在学校举办了畲族主题绘画的热身活动，旨在通过绘画的艺术表现形式初步了解畲族文化，展现畲族风采。绘画创作以"畲族人家""畲族非遗""畲族农耕"等为主题，作品充分展现出畲族丰富多彩的传统文化。

同时，实践团确定了暑期社会实践计划书，并将团队成员分成四个小组：一是文化传播拍摄组，通过对畲族乡村和非遗文化传承人的采访，见证景宁畲族文化发展与变迁；二是艺术创作组，在走访和记录乡村生活的基础上，根据畲族非遗传承人及企业的需求创作能满足生产的文化创意产品；三是活动工作小组，协助实践活动的物料

打印、策展等工作；四是新闻报道小组，负责对实践活动开展进行跟踪记录并负责后期报道。前期的实践活动主要分为以下三部分进行。

（一）追根溯源，探究畲族历史文化

为加深对畲族传统文化的了解，做好景宁畲族文化宣传服务工作，社会实践团队的第一站来到了景宁畲族博物馆。景宁畲族博物馆始建于2006年，馆内展厅分为迁徙与分布、环境与聚居、生产与交换、饮食与服饰、风习与信仰、文化与艺术六个单元。馆藏的文物、实物和图片向人们讲述了畲族历史的发展。实践团成员与前来交流的景宁鹤溪小学学生一起感受灿烂的畲族文化，同时也感受到了畲汉文化相互交融与互相促进发展的力量。大家认真了解畲族的历史，共同学习畲族手势文化并体验舞蹈的魅力，对畲族文化的热爱、传承与创新的种子在实践团成员的心中生根发芽。实践团与鹤溪小学学生通过共探畲族文化进行了博物馆IP设计。

（二）重忆精彩，解读畲族生活

忘不了儿时耳边回荡的《盘瓠王歌》（也称《高皇歌》《盘古歌》），也还记得七子廊桥上的游人如织。实践团队邀请景宁畲族自治县融媒体中心记者李肃人老师做“畲族文化与畲乡生活”的讲座。李老师为实践团展示的摄影照片中，每一张都记录着了鲜活的畲乡生活、人和事以及背后的故事。李老师从畲族政治、经济、文化讲到衣食住行方方面面，让实践团成员沉浸在“畲味”的文化氛围和艺术熏陶之中，也更加坚定了畲族的非遗文化具有无限创新的可能性。

（三）感受畲族风情，心系民族魂

位于景宁畲族自治县大均乡的畲画馆是一家为响应“全国民族地区城乡融合改革”政策，激活旅游经济，将畲族民间艺术馆引入乡村，设置为社会公众免费开放的畲族民间艺术展示馆。实践团成员在这里深入了解了畲族民间美术文化，通过对作品中表现的生活场景、建筑、服饰装饰的解读，感受到了畲族文化的独特魅力，深刻体会到了畲族人民对生活的热爱以及对民族文化的强烈认同感。站立在景宁1950平方

公里的土地上，吸吮着这片土地漫长奋斗积累的文化养分，拥有畲汉聚合的磅礴之力，畲族文化有强大的文化根基和强劲的文化发展势头。同时也激发实践团成员们做进一步的思考：如何跨越时间和空间，将富有永恒魅力、具有当代价值的文化精神弘扬起来，把继承传统优秀文化又弘扬时代精神、立足本国又面向世界的当代中国文化创新成果传播出去。

三、深入："畲笔成趣"，传播非遗文化

在调研、采访、参观的基础上，实践团队深入调研景宁畲族自治县，走访9家单位后进行创作，历时720余小时，创作设计方案120余个，在线直播覆盖10余个省（区、市），媒体浏览量达30万余人次，共发布36篇活动报道，带动"畲"文化传播以及文化产业扶贫效果显著，勇当畲族非遗文化的传承者和实践者。

（一）"彩带飞舞"　艺设学子传真情

1. 帮扶·公益"直播"畲乡文化，助力乡村振兴

2020年7月3日由社会实践摄影摄像小分队在景宁畲族自治县东弄乡"蓝延兰彩带传承馆"打响了公益"直播"畲乡文化、助力乡村振兴的第一枪。公益服务团队运用视频、照片、文创服务等多种媒介方式，"直播"服务畲乡，深入挖掘畲族文化，展现当地脱贫以后的经济社会以及生活方式的改善和变化，宣传和提升畲族文化。大学生社会实践团与当地非遗传承人之间互动，使文创产品在创意上得到提升，并且也为艺设学子助力乡村振兴提供经验。

2. 传承·在线直播畲族非遗，发扬民族文化自信

实践团成员为景宁畲族刺绣协会、蓝延兰彩带传承馆、景宁畲乡玉山银饰品有限公司、景宁畲艺坊服饰有限公司、景宁金美畲族服饰设计有限公司五家企业制作相关非遗文化企业宣传视频，进行在线直播，传播畲族非遗文化，共计观览量达5万余人次，将畲族非遗文化带入大众的视线。

与此同时，实践团发动“学子共续畲乡缘，小康通途再见证——跨越千里的畲族见面会”在线直播活动，发动身边的青少年朋友观看，并进行畲族特色图形符号的在线绘画教学，让青少年们对畲族文化有初步认识。参与此次活动的青少年来自浙江、江苏、湖北、湖南等十余个省份，实践团希望能够充分展现畲族传统文化的魅力，让更多的青少年了解并且喜欢上畲族文化，增强文化自信和民族自豪感。

（二）“绣美畲乡”　艺设学子共献策

畲绣是畲族民间工艺中的一朵奇葩，集美观与实用于一体，是富有艺术情趣“朴中见真、拙中见善”的非遗文化。实践团在景宁畲乡寻得了畲族刺绣协会的潘丽娟会长，潘会长将她所了解的畲族非遗刺绣技艺的相关知识、历史故事向大家娓娓道来。潘会长认为发扬畲绣的关键是培养熟练的绣娘，她在积极推进畲绣非遗保护与传承的同时，也在积极推进畲绣绣娘的“百名绣娘”技能培训计划，祈盼畲族绣娘能通过自己的巧手共同富裕、共奔小康。团队成员在畲家绣娘的指导下充分发挥想象力，体验缝制创意香包，并针对“如何改良畲绣技艺及提高知名度”的问题进行了探讨，畲绣文化与实践团成员们的思想相互碰撞，摩擦出耀眼的创意火花。

实践团队应景宁畲族刺绣协会要求，为绣娘解决刺绣图案短缺的难题，为她们设计新花样，出新的文创产品。7 月的景宁畲乡，悠悠的是畲民刺绣哼唱的民歌，翻飞的是畲绣工匠们灵活的双手，展现的是艺设学子为畲乡谋发展的真情……

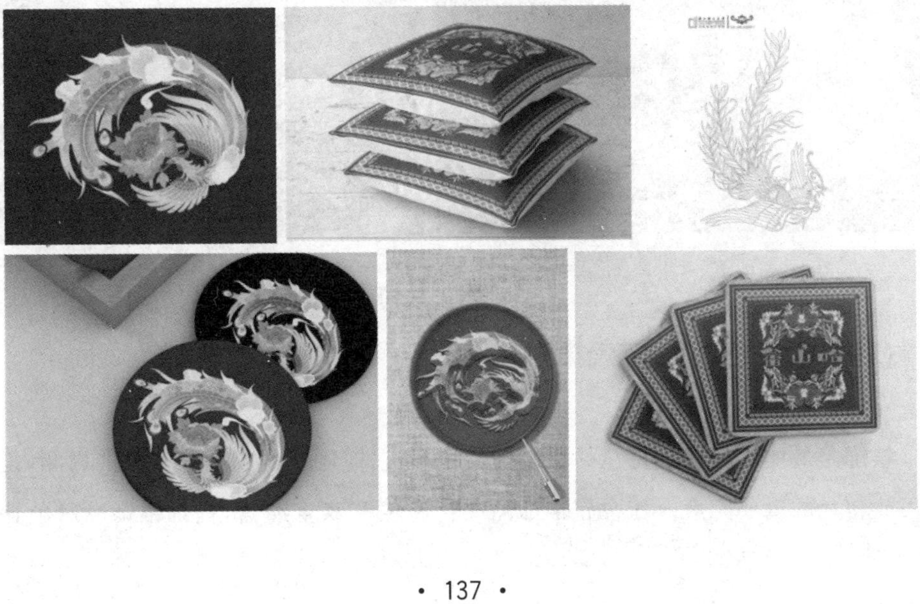

（三）“畲鞋新貌” 艺设学子齐描绘

位于浙西南的景宁畲族自治县，受地理环境等因素的影响，畲族服饰的“引进来”和“走出去”面临着更大的挑战。要发展畲服产业必须与畲族文化密切结合，立足企业自身，借助政府力量，将民族的转化为世界的。畲族鞋艺传承人徐丽媛老师致力传承与创新畲族文化，她将畲族传统土布鞋的制作技艺与畲族文化和当代人们的健康休闲理念结合，创作出具有畲族特色、民族技艺的老土布鞋和绣花鞋产品，带动了当地就业，给当地留守妇女增加了收入，一定程度上刺激了当地经济的发展。徐丽媛和她的畲鞋产品获得多项荣誉，本人也获得了“中国好畲娘”“丽水市五一劳动奖”等荣誉。畲艺坊从最早的来料加工到来单加工到如今制作成为“畲艺坊”品牌，靠的不仅是对畲族传统文化的传承，更是与时俱进、不断创新的精神。

实践团在深入参与畲族文化创作等活动后，感受到了景宁畲族所带来的民族魅力，感受到了传承之艰难与迫切。为此，实践团提出与徐丽媛老师合作为其工作室设计虎头鞋产品，同时对畲鞋产品设计创作方向、发展思路提出了建设性建议，希望能为畲族鞋业的创新发展贡献出属于浙理学子的一分力量。

（四）“畲银匠心” 艺设弟子绘品牌

银饰是最能体现民族特色的非遗技艺之一，它构建了畲族文化丰富的内涵，是打造民族特色的重要元素。让畲族银饰品文化和生产双重经营，提炼银饰品牌独特的核心价值是畲族银饰品牌研产联动建设的有效策略。景宁畲乡玉山银饰不仅是一家承载工匠精神的畲银企业，更是一家肩负着发扬传统文化发展重任的企业。社会实践团队拜访景宁畲族银饰制作传承人陈晓珍老师，她的畲乡玉山银饰品牌在秉承传统的同时，能大胆推陈出新，将传统的畲族银饰与现代时尚相融合，在畲银制作工艺、款式设计样式上有自己独到的创意，成果备受肯定，屡屡获得荣誉。

实践团考察了畲银的制作工序、款式、包装等方面，对畲银这一国家非物质文化遗产有了更深刻的认识。实践团还了解到，现阶段畲族银饰虽然在自身工艺上做到了精益求精，但在畲银产品的包装上仍然呈现滞后的状态，需要有创新的适应当代审美、民族化的设计。

实践团希望能够发挥艺术专业特长，结合畲银产品公司的文化以及畲银产品销售的定位，为银饰品牌设计定位准确、符合消费者心理、表现出畲银品牌特征的产品包装，从而帮助企业提高畲银产品的附加值，提升企业形象。

四、成效:新青年成长与扶贫发展互相促进

浙理学子携手丽水景宁畲族自治县，通过多种形式展现畲族非遗文化的人文风采，推进畲族地区文化产业的发展进程，助力实现畲族人民在大力发展旅游业的同时，将传统文化赋予活力，共创脱贫致富之路。在传统非遗文化中注入新生命，响应了“全面脱贫路，一个都不能少”的国家号召。实践团成员作为非遗文化传承的践行者，不仅引导广大青年了解非遗文化，为中华民族非遗文化的伟大复兴勇担使命，共创未来；并且在学习畲族非遗文化的同时，贯彻“把帮扶落到实处”的实践初心，对传统非遗产品设计创作方向、发展思路等提出了建设性建议，为企业创新发展贡献“金点子”，有效增强了自身的社会责任感。

(1)服务社会。实践团主动服务畲族多家传统非遗企业以及地方机构，以喜闻乐见的方式展现畲族文化，开展线上直播、文创扶贫等活动，丰富少数民族的文化产业以促进旅游业的稳健发展，宣传少数民族新时代的崭新面貌，把继承传统优秀文化的文化创新成果传播出去。

(2)弘扬校风。实践团结合浙江理工大学“厚德致远，博学敦行”的校训，勇于承担新青年乡村振兴的责任。实践活动真正从“德、志、学、行”四个方面出发，亲身立

行，传播弘扬民族文化，从而发挥文化的熏陶、激励、教化、凝聚作用，用优秀文化丰富文化内涵，涵养中华民族向新而行的文化自信。

(3)突显专业。实践团利用自身的专业知识，以多样化的方式再现“畲文化”，从策划、讨论、分工，到实施、后期，解决了畲族传统非遗文化产品表现复杂、样式陈旧、社会关注度低等普遍存在的问题，在帮扶景宁非遗文化再创新面貌的同时，也提升了实践团成员的专业能力，证明了学子们强大的文化创造力，巩固了文化自信心。

报告人：浙江理工大学童雯倩、杨澜、单洁仪等

指导教师：汪梅、陈璐

∵ 创新实践类

创新创业初体验，脱贫攻坚我助力

2020 年是脱贫攻坚决战决胜之年，也是全面建成小康社会收官之年，浙江理工大学服装学院的实践团成员们，希望能通过“大众创业、万众创新”的实践活动方式来助力最后一年的脱贫攻坚赢得胜利，为祖国迈向全面小康社会、实现第一个百年奋斗目标贡献一分力量。

本次社会实践活动于 2020 年 7 月 4 日开始，以“创新创业初体验，脱贫攻坚我助力”为主题，通过大学生自主设计创作产品营销创业的形式，体验创业过程，带动更多的在校大学生进行创业实践，同时服务基层，为周边摊主、店主引进客流量、增加营业额，与基层群众一起助力全面脱贫攻坚。

一、实践内容

(一)线上调研

2020 年 7 月 4—5 日,实践团全体成员开展线上调研,小组通过分工,从现状整理、政策分析及小组讨论深入了解大学生创新创业情况。实践团成员搜集“大众创业、万众创新”背景下我国创新创业现状相关素材,整理各级管理部门对于大学生创新创业的帮扶政策,了解杭州市大学生创业情况。通过基本了解后,实践团确定了初期创业方案。

(二)实地走访

2020 年 7 月 6—7 日,实践团创业体验实践以摆摊售卖自己设计制作的文创产品的形式开展,为保证产品销售效果,实践团对可用于实践摆摊的地点以及相关管理执法部门进行了线下实地走访调研。

实践团对分布在杭州下沙的之江东路、弗雷德广场、钱塘江边、金沙湖天街、柳岸街、云水苑社区等 6 个集中摆摊场所进行了实地调研。对当地的摊主、店主进行了访问,了解当地客流量、营业额等信息,为实践团最后集体举办摆摊创业体验活动做铺垫。

实践团还通过走访调研杭州钱塘新区综合行政执法局相关工作人员、夜市摊点管理人员,了解杭州本地的地摊经济相关政策及地摊经济状况,获取各个地摊夜市的分布点及出摊营业时间段的信息,了解摊位的申请手续等内容,并深入了解当地地摊经济的相关规则与条例。同时还深入咨询相关工作人员,听取他们给予的建议,有效地把握如何把大学生创业体验活动举办得更有影响力。

(三)创业实践

2020 年 7 月 8 日晚,实践团全体成员带着自己设计制作的手工文创产品,在杭州下沙金沙湖天街开展了一次创业体验实践活动，吸引众多顾客驻足选购。

实践团成员结合专业所学，利用课余时间，精心设计制作了一批扎染帆布包、抱枕、头巾，以及手工耳环、小玩偶、手机壳等文创产品，产品在朋友圈晒出来后得到了师生好友的高度评价。在摆摊销售的过程中，起初成员们还有些许局促紧张，后面看到消费者对自己的产品十分喜爱后，大家也就充满了信心，渐渐地放开了手脚，主动向过往的消费者推荐产品。很快成员们准备的文创产品便售卖一空，创业体验实践活动取得成功，成员们的创业热情得到了很好的激发。

二、实践收获

实践团成员郑汉忠：得益于学校的创新创业教育，我大一就有了创业想法，也牵头组建了创业团队，尝试在服饰文创领域创业。这次创业体验实践活动再一次证明了我的创业计划是有市场的，接下来我会更加坚定地走下去，创造自己的品牌，回报社会，回报学校。

实践团成员陈鉴仪：通过这次实践，我的体会和感受是创新创业很重要的一点就是我们的想法一定要能落地，因为它要面对市场，所以产品和商品一定要有需求，没有需求和市场的创新创业计划，是很难成功实施的。例如，我们尝试创业的文创产品，在审美和需求上我们要把握好消费者心理和需求，以保证项目最终能落地实施。

实践团成员郑珺秋：这次实践过程让我学到了很多东西。大学生创业前期，难免会出现经验不足的情况，比如在选品和顾客沟通等方面；创业团队内大家的想法难免有分歧，需要彼此充分交流。面对传统方式与电子商务发展产生的冲突，不得不承认线上运营有着自己的特点，但我们在实践活动结束后也认识到了传统经营模式不可替代的优势，那就是可以更加贴近顾客，提供个性化服务。

实践过程中，实践团成员充分了解、感受了国家对大学生创新创业的支持以及杭州市良好的创业氛围，在创业实践体验中也得到了消费者的认可与支持。这更加坚定了成员们在校期间开展创新创业实践的积极性，也将带动更多的在校大学生进行创业实践，将个人的创业梦融入中国梦，助力脱贫攻坚，巩固经济发展成果，为实现中华民族伟大复兴贡献青春力量。

三、媒体报道

“创新创业初体验，脱贫攻坚我助力”社会实践活动得到了中国青年网、中国青年报、中青在线、中国教育在线、杭州网、浙江学联青春抱抱团、中国大学生之声、中浙网、搜狐网、百度APP、市场信息网、新浪看点、大学生新闻网、大学生网报等国家级、省级、市级媒体的广泛报道，社会效应明显。

报告人：浙江理工大学郑汉忠等

指导教师：刘炜亚

∵ 支教实践类

“科艺伴你，‘童’步成长”爱心支教社会实践总结

2018年7月10日，浙江理工大学科技与艺术学院青协“科艺伴你，‘童’步成长”暑期爱心支教实践团抵达浙江省丽水市缙云县胡源乡，在章村小学开展了为期15天的支教活动，这是爱心支教实践团陪伴胡源乡小朋友们成长的第四个暑假。

其间，胡源乡村干部大力支持实践团，为支教队员和活动开展提供了基础保障；章村小学教职工与实践团密切联系，和支教队员一同参与课程设计，结合安全教育、心理健康、价值观形成等，力争与平日教学形成互补。支教队员结合自身特长，选择各自所教课程，将优势最大化。15天内，队员们共分五组，每组围绕课程主题，竭尽所能地开展活泼有趣的课堂教学活动。支教期间，地方领导多次来访，关心支教队员的生活起居和活动开展情况，并对支教活动给予充分肯定；党总支书记听了队员们改编的歌曲《春风胡源》，对队员们的创意赞誉有加，此次活动也被列入胡源乡评级计划。

除了给当地小朋友们带去陪伴和关爱，队员们也在此次实践活动中收获到不少全新的体验：早起赶集买菜、灶台生火煮饭等。在实践团每晚8：30的内部例会上，队员们彼此分享着一天的经历，在努力为孩子们创造快乐和美好的同时，队员们也学会了感恩和珍惜。

一、活动日志

7月10日

爱心支教实践团的队员们于9日在胡源乡集合，乘车抵达了章村小学。简单安顿后，队员们马上投入到支教课程的准备中，以饱满的精神和充分的准备迎接第二天小朋友们的到来。10日下午，当地领导组织了支教动员大会，介绍了当地儿童的现状：多为留守儿童，缺少陪伴和家庭教育，安全意识淡薄，缺少精神层面和价值观的正确引导……动员大会结束后，结合当地实际，队员们展开了充分的讨论，决定将本次

支教的重心集中在安全教育、心理健康、价值观形成方面。

7 月 11 日

今天是本次爱心支教活动正式开始的第一天。为了尽快拉近与孩子们的距离，队员们提前准备了一系列的趣味活动。在互动游戏的帮助下，小老师们与孩子们很快就消除了刚见面的尴尬。一天的教学活动井然有序地开展，既有课堂上认真教学的场面，也有课间欢声笑语的融洽。在放学前，组织孩子们一起大扫除，锻炼大家劳动能力的同时，也让彼此进一步互相熟悉。炎炎夏日也挡不住队员们炽热的心，在未来的十多天里，哥哥姐姐们将会陪伴着孩子们“童”步成长。

7 月 12 日

台风到来，出于对孩子们的安全考虑，实践团临时决定停课一天。实践团临时召开了会议，布置了一天的安排，强调了实践团自身的安全问题。停课不停学，队员们通过电话家访的形式，进一步了解孩子们的家庭情况，也为后续的家访打下基础。

7 月 13 日

队员们准备了生动的自然科学课程：在植物课上，从面包树谈到“见血封喉”，对于从没接触过的知识领域，求知欲旺盛的孩子们竞相回答，积极讨论。

为了加强安全教育，队员们通过影音教学让孩子们了解怎么在危险来临时保护好自身安全。开展“你画我猜——交通标志抢答”小游戏，寓教于乐，既活跃了课堂氛围，也增强了孩子们的交通安全意识。

7 月 14 日

童心是最有价值的艺术。今日，队员们围绕艺术这一主题开展了一系列课程：美术课堂上，除了最基本的纸上绘画，队员们也以生活中常见的石头为材料，让孩子们在石头上作画，期待普通的石头在充满童心的画笔下会产生怎样的变化。折纸课上，队员们一边演示，孩子们一边跟着做，折出花朵、折出千纸鹤等，课后将孩子们的作品串在一起，做成了教室里的装饰。音乐课上，从最基本的乐理知识讲起，介绍了常见乐器如钢琴、吉他等的构造，还融汇了歌谣的教学，纯净的童声萦绕在队员们耳畔。

体育活动自然也少不了，篮球、乒乓球、滚轮胎等，队员们与孩子们一起在操场上尽情奔跑嬉闹，汗水中也充满了快乐的气息。

7 月 15 日

艺术课程是孩子们最感兴趣的课程。在方块画课上，队员们为孩子们准备了方块画样例，用粉笔在黑板上将方块进行拼凑。孩子们的艺术天赋可不局限于绘画，书法课上的作品也同样令人眼前一亮。字帖上的一撇一捺、一竖一横，不难看出孩子们的耐心与细心。放学前的大扫除活动，每位小朋友都非常认真，专注劳动的队员们和孩子们尽是可爱的模样。

7月16日

第一周最后一天的教学，课程内容较为轻松，开展了卡通绘画课，队员们带上材料让孩子们临摹。本日，胡源乡团委丁书记莅临章村小学，参观队员教学活动，关心队员生活。丁书记对课程安排提出了宝贵建议，并与队员们就日后的教学计划进行了深入探讨。

7月17日

“南枝挂孤月，上有苍鸾鸣。”5天的教学结束，队员们也迎来了休息日。从村民口中队员们了解到附近有座献山庙，因此决定一起前往观看日出景观。山路人熙熙，路旁枝攘攘。晨光熹微，队员们一同出发了，大家互相搀扶，齐心协力，在日出之前赶到了山顶，欣赏着金黄洒满山坡的美景。火轮挂上山头后，队员们继续向献山庙启程。在回程的路上，爱护环境乃举手之劳，拿出备好的工具，捡拾垃圾，为献山带来一方清净。

7月18日

章村小学的孩子们由于长时间缺少父母陪伴，以致缺少正确价值观的引领，个别孩子的父母已离世，孩子们心里总有一些过不去的坎。今日，实践团以心理健康教育为主线开展活动。孩子们用纸笔写下心里话，当看到纸上写满孩子们的心声时，队员们的心里暖流激荡，感谢孩子们愿意袒露心声，倾诉秘密。下午，队员们根据孩子们写下的烦恼逐个和孩子们交流谈心，鼓励孩子们走出心里的阴影，传递积极向上和乐观进取的力量。放学后，队员们一同前往几户留守儿童家庭，进行了家访，老一辈非常欢迎队员们的到来，并感谢实践团为孩子们带去的陪伴和关爱。

几天的教学下来，实践团发现章村小学的孩子们一直没有接受过系统的两性教育，因此，队员们决定在后续的教学中，加入两性教育相关课程，让孩子们形成正确的性别观念。

7月19日

近年来，毒品对人们的危害日趋加深，飞速进步的科技带来了诸多新奇的事物，毒品也日渐穿上了美好的外衣。在这个求知欲旺盛的阶段，孩子们对任何事物都有着极重的好奇心。然而，留守的孩子们大多没有接受过系统的禁毒知识教育。为了让孩子们了解毒品的危害，今日实践团专门开设了禁毒宣传课堂，并一同观看了电影《湄公河行动》，增加孩子们对毒品危害的认识。

除了毒品，邪教也有着同等的危害，很多时候邪教就是在潜移默化之中走进人们的生活。在乡村，邪教更是容易与一般宗教相混淆。开设反邪教课堂教学，显得尤为重要。队员们结合政府发放的宣传手册，一一阐述了邪教的种种危害，让孩子们对邪教有了较为清晰的认识，形成抵制邪教的思想。

7 月 20 日

今天的关键词是红色教育。红色教育是青少年政治启蒙和价值观塑造的重要途径。队员们通过带领孩子们学习英雄事迹和革命传统，让孩子们认识到今天的幸福生活是在党的领导下取得的，凝结着无数革命先辈的热血牺牲和全国各族人民的奋斗拼搏。希望通过今日的知识灌输和情感培育，把红色基因一代代传下去。

7 月 21 日

安全要牢记在心。今天，实践团有幸请来了胡源乡的警官为孩子们开展安全教育小课堂。警察叔叔的到来也让孩子们正襟危坐。为了消除紧张感，警察叔叔用便于孩子们理解的语句，告诫道："生命高于一切；一块橡皮，一支铅笔，都可能埋下违法犯罪的种子。"用一个个引人深思的案例，吸引了孩子们的注意，大家听得可认真了。

7 月 22 日

今天队员们给孩子们开展了弘扬孝德文化的课程，让孩子们树立起中国传统忠孝观念。章村小学的孩子们大多缺少家人的陪伴，让他们感受孝德文化的同时，也希望他们感受到家的温暖。

在爱国主义教育课堂上，队员们通过讲述抗战故事、合唱《歌唱祖国》等，培养孩子们的爱国情怀，弘扬爱国主义精神。

爱心支教活动进入了倒计时，和孩子们一同筹备的文艺会演也越来越近。课程结束后，每班都在紧锣密鼓地排练节目，不时会传来孩子们动听的歌声，为最后一天的完美收官，每一位队员和每一个孩子都在努力排练着。

7 月 23 日

急救在医疗体系中占据尤为重要的地位，我国急救知识普及较晚，孩子们很难从父母口中学到规范的急救方法，普及急救知识在中国小学生群体当中显得尤为重要。今天实践团很荣幸邀请到了浙江红十字会的章老师给章村小学的孩子们讲解关于急救方面的知识。课程主要分为心肺复苏、溺水、火灾三个板块的急救知识。为了让孩子们理解得更透彻，章老师特地带来了人体模型给孩子们边上课边演示正确的心肺复苏姿势。知识要用于实践，孩子们在章老师的指导下，亲自对着模型进行心肺复苏演练。

结束课程之后，便又开始了会演彩排。相比昨天的生疏，今天的孩子们可以连贯地做出学过的动作了，大家在操场排练演出时的队形，期待着他们在演出时的精彩表现。

7月24日

今日，缙云志愿者协会来访，并为孩子们带来了惊喜小礼物。今天也是正式文艺会演的日子。下午，队员们带领孩子们在乡村大礼堂进行最后的彩排。晚上正式演出，章村的父老乡亲们十分捧场，为了一睹自己家宝贝的风采，稍显炎热的会场里也是座无虚席。每一个节目都收获了响亮的掌声，此次文艺会演也为本次暑期爱心支教画上了圆满的句号。

7月25日

今天，队员们就要收拾好行囊离开章村。孩子们来为队员们送行，与每一位队员拥抱告别。在章村的这15天，队员们收获满满，这份经历值得珍藏。

二、结语

在这15天里，实践团通过开展安全教育、心理健康、价值观形成等课程，丰富了孩子们的生活，也在孩子们心中种下了真善美的种子。

人生总在不断地告别，但是这次的告别对每位队员来说，都太过匆忙。从第一日与孩子们的相见到最后一日与孩子们的分别都像在眼前，孩子们悄悄改变的同时，队员们的变化也显而易见。

队员们在胡源乡章村小学留下了珍贵的回忆，每一个拥抱，每一声再见，都是下一次相逢的铺垫。科艺伴你，“童”步成长，期待来年的相会！

报告人：浙江理工大学宋正宇、黄鑫、沈梦家、何舸铱、余引航、张书涵等

指导教师：陈建君

∵ 志愿服务类

“世界同心，语你同行”

——浙江理工大学对外汉语志愿服务社会实践总结

2020 年的春节因一场突如其来的新型冠状病毒肺炎疫情而不同寻常。以习近平同志为核心的党中央带领 14 亿中国人民作出历史性抉择：以“人民至上、生命至上”的理念凝聚万众一心，以举国之力应对重大疫情。疫情全球蔓延后，没有国界，不分种族，面对疫情，更需要全世界同舟共济。中国在为抗击疫情开展国际合作、打造“健康丝绸之路”、打造人类卫生健康共同体等方面不断努力，彰显大国担当，既表达与国际社会休戚与共的中国情谊，又向世界传递战胜疫情的信心。面对来势汹汹的疫情，各国人民勇敢前行，守望相助，风雨同舟，展现了人间大爱，汇聚起同疫情斗争的磅礴之力。

一、项目简介

因防控新冠肺炎疫情需要，学校延期开学，许多滞留在外的留学生和孔子学院学生不能到校上课学习。在浙江理工大学团委的大力支持下，外国语学院联合国际教育学院共同发起组织了“世界同心，语你同行”对外汉语志愿服务项目，通过文化体验活动、线上教学、宣传片制作等相结合的形式搭建汉语学习新平台，确保疫情期间“停课不停学”。

在全球疫情背景下和疫情防控常态化的形势下，用丰富生动的实践案例，主动讲好中国故事，在广泛凝聚国际共识、持续推进构建人类命运共同体方面有着重大且深远的意义。“世界同心，语你同行”对外汉语志愿服务实践活动以“中国心—中国情—中国味”为主线，以“浙理”为圆心，以“杭州”为重点，为留学生学习汉语、传播中华文化构建桥梁。志愿者主动担当，积极作为，利用自己的所学和语言优势，以留学生能够接受的方式进行文化体验，主动、自信地分享中国传统文化，让汉语学习者在轻松的氛围中感受中华文化的博大精深，感知上下五千年的中华文明。实践团队将具有中国特色、浙江韵味的传统文化元素与文化体验活动相结合，制作了“世界同心，语你同行”系列宣传片，为中国传统文化代言。除此之外，实践团队选取丝绸、西湖、戏曲、功夫、端午和茶六个主题进行线上直播授课，课程包含汉语学习、口语练习、文化鉴赏等方面，内容丰富、形式多样，营造了学习汉语和国际文化交流的良好氛围。

二、实践过程

疫情暴发以来，浙江理工大学留学生疫情防控工作得到了校领导和各职能部门的高度重视，相关部门均把留学生疫情防控纳入重点工作内容之中。国际教育学院在学生情绪焦虑时，积极开展心理援助；在全球疫情蔓延时，开展境外学生的防疫指导。在校团委的支持下，外语学院积极筹备组建汉语志愿服务实践团队，并邀请担任留学生中国传统文化课程教学的刘小林老师对实践队员进行课程培训。历时两个月，从策划、招募、视频创作到线上教学，队员们反复修改、打磨、协商与对接，精心制作12个视频，撰写6份教案，开展12次线上教学，累计撰写文稿56000余字。实践队员朱同学说：“我虽然不能像医生那样请战奔赴一线，但是我可以用自己所学去帮助国际友人，把志愿服务做细做实。”

(一)文化体验：承文化之重，创时代之新

受新冠肺炎疫情影响，校园内没有了往日的热闹，在校留学生的生活也受到许多约束，还存在因疫情产生的焦虑、恐慌。为了更好地提升在校留学生的中国文化素养、丰富课余生活、提高居家学习生活的趣味性，在疫情得到有效控制的前提下，实践团邀请留学生志愿者参与宣传片拍摄，亲身体验中国传统文化。本次文化体验以“中国心—中国情—中国味”为主线，选取江南丝“语”、西湖烟“语”、梨园戏“语”、武林外“语”、端午粽“语”和煮茶听“语”六个篇章，让留学生感受中国传统文化的独特魅力和博大精深。

1.文化体验活动——端午粽“语”，情暖浙理

“五月五，过端午，粽叶青，糯米香；挂菖蒲，戴香包……”端午当日，对外汉语志愿

者们举办了“寄情香包，未来你好”——来华留学生端午节文化体验活动。端午作为我国古老的传统节日，在中国人心中具有重要的历史情结，其历史来源和风俗习惯，也彰显了传统文化的丰富内涵。“端午香包，一方面能驱瘟避疫，强身健体；另一方面又象征着屈原的品德节操馨香溢世，流芳千古。”留学生们一边听着有关香包寓意的讲解，一边动手制作起了香包，后勤部门的阿姨们手把手耐心地教同学们使用针线，在穿针引线中，一个个香包终于成型。同学们激动地与香包合影，相互展示自己的劳动成果。

“沁香一缕，情丝一寸。”在每年的元宵节、端午节、中秋节等传统节日，浙江理工大学都会为来自五湖四海的来华留学生们举办形式各样、内涵丰富的中华传统文化体验活动。来自塞内加尔的2017级计算机应用技术专业研究生 Mbaye Mor 参加完活动后说道：“在毕业离别之际，我想再最后参加一次学校组织的中华传统文化体验，感受端午节的浓郁氛围，为我的浙理工留学生活画上圆满的句号。”

“本次端午活动不仅给留学生们带来了精彩的中国传统节日文化介绍，也带领我们重温了历史典故，弘扬了以爱国主义为核心的民族精神。这是一次中国文化的传播，也是一次民族精神的传承。”志愿者黄赐秋在活动结束后说。

2.文化体验活动——武林外“语”，功夫浙理

“自强不息，厚德载物。”中华武术是中国传统文化的重要组成部分，充分体现了中国人的精气神。武术不但能锻炼国民体质，更重要的是能磨炼人的意志品质，形成公平正义的品格，锤炼不屈不挠的精神。“一定要让留学生有高度参与感，去享受习武过程，领会武术精髓。”这是团队讨论后达成的一致目标。学武术，不仅仅是学一招一式，更是去感受匡扶正义、救困助弱的侠义精神。在基础动作学习的自由练习时间里，老师看着留学生和志愿者相互讨教学习的样子，露出了欣慰的笑容，“来这里学习，不只是希望他们学习武术动作和文化，而是希望他们学习到相互帮助的珍贵，收获不一样的友谊。”武术队指导老师向志愿者说。“动之则分，静之则合”。一推一合之间，山水飘飘然于眼前，动作如行云流水，身形如入水蛟龙。外国留学生和武术队队员们围成一圈，组成了象征着天地万物的循环，在这圆圈之间大家一起学习内柔外刚的太极，在老师的指导下，武术队队员与留学生一对一教学，带领留学生们亲自感受太极的魅力。

秉持着传播中华优秀传统文化的初心，本次活动以武术为载体，在向留学生们展

示中华武术的拳术和枪法的同时，将武术中的刚柔并济展现得淋漓尽致，加深了留学生们对中华文化的了解。而对于志愿者来说，这是学习传承中华传统文化、武术侠义精神不容错过的好机会，也是一堂培养当代大学生社会责任感、树立民族自信心的实践课。

(二)线上教学：千里同好，坚于金石

“中国文化要走出去，作为中国文化重要的传播使者，我们一定要学会甄别并运用公认的标准英语。”来自外国语学院的刘小林老师这样对志愿者们说道。刘老师主要承担留学生中国传统文化课程的教学工作，在向留学生传播中国传统文化方面具有较为丰富的经验，对于志愿者加入提升中国文化软实力的行列，刘老师感到十分欣慰。“优秀传统文化的传播是当今时代的一大课题，我们希望把握住这次课堂机会，将中国传统文化尽可能丰富地呈现给留学生。”为了准备这场培训课，刘小林老师制作了整整74页的PPT，对“世界同心，语你同行”对外汉语志愿服务项目所涉及的六个主题逐一进行了剖析与讲解。“Thank you for joining in the spread of traditional Chinese culture.”志愿者们为此都精心准备了课件，从汉字词汇、文化特点及文化内涵等方面入手，由浅入深，循序渐进，让留学生们能听懂，能接受；并结合大量图片、视频等资料，通过视频通话进行面对面教学和开展互动小游戏的形式，充实和丰富线上课堂。虽然隔着一道屏幕，但是志愿者们和留学生们实现了零距离的沟通。课堂上，留学生们积极互动，紧跟小老师们的节奏。在遇到疑惑时，及时发问；在有共鸣之处时，也会主动进行分享，和同学们一起探讨。例如在西湖文化课堂的美食篇，在看到“葱包烩”时，一位留学生主动以自己国家的美食“samosa”作类比，在两国美食文化间架起沟通桥梁。本次线上课程开设了两期培训班，每期培训班以集中授课(两周)和学习打卡(一周)相结合，创新文化传播形式，打破时间与空间的限制，将深厚的中国文化以简单易懂、喜闻乐见的方式生动地呈现给留学生们；而对外汉语志愿者们在本次活动中，以负责、耐心的态度传播了中国文化，在潜移默化之中也增强了自身的文化自信。

(三)文化传播:孔院连情,与你同行

习近平总书记勉励青年学子好好学习、早日成才,为社会作出贡献,把中华优秀传统文化传播到五湖四海。“讲好中国故事”,不仅仅可以用语言来讲故事,志愿者们还精心设计创作了“世界同心,语你同行”中国传统文化宣传片,作为本次线上教学和毛里求斯大学孔子学院辅助教材。文化宣传片就像是一张中国文化的名片,在信息化时代能够快速传播到世界各地,向更多的人介绍中国传统文化,把我们的实践受众扩大到了世界范围,我们的实践效益也得到了有效提升。

从拍摄的前期准备——编写视频脚本、实地考察取景、联络相关人员等;到视频的正式拍摄——运镜的编排、机位的放置以及灯光的调控;再到后期的剪辑工作——转场设计、配音、配双语字幕……大到谋篇布局,小到每一幕、每一帧,志愿者们都投入了 100%的精力,力求做到极致,希望以最好的效果将中国传统文化呈现给大家。

2020 年 6 月 24 日,浙江理工大学“世界同心,语你同行”对外汉语志愿服务活动走进了毛里求斯大学孔子学院,开展合作试点教学。活动中,孔子学院师生共同欣赏了外国语学院和在校留学生体验端午节传统习俗活动的视频,结合孔子学院中方教师李晓霞的讲解,学生们不仅感受了汉语的文化魅力,更增进了对中国传统文化的了解。孔子学院学生看过视频后很羡慕留学生可以亲身体验中国文化,他们希望有机会也能参与这样的活动。

三、实践成果

(一)信札记“疫”:面对疫情,需要勇气

俄罗斯留学生唐曦兰将她在此次疫情期间受到的感动写成信寄给《钱江晚报》,她说:“这次疫情让我重新认识了中国,大家都体现出了非凡的勇气。”来华留学生们切身体会到抗击疫情的“中国力量、中国担当和中国精神”。她在参与浙江卫视《王牌对王牌》抗疫特别节目的录制时也表达了对学校以及相关教职人员无微不至照顾的

强烈感激之情。学习强国、《人民日报》海外版、《钱江晚报》客户端等媒体也相继报道了唐曦兰同学的这封感人肺腑的信件。此外，她还创作了诗歌《面对疫情，需要勇气》，用实际行动鼓舞每一个人。没有一个冬天不可逾越，没有一个春天不会来临，爱和希望总会比疫情更快蔓延，我们定会攻坚克难，打好这场战“疫”！

（二）教学反馈：投我以木桃，报之以琼瑶

源远流长、闻名中外的中华文化被志愿者们用多元的方式融入线上教学中，帮助留学生们进一步了解中国传统文化及其背后蕴含的中华礼仪文化。留学生们流露出对中华文化的浓厚兴趣，争先恐后地分享他们对中国文化的理解，课堂气氛非常活跃。课后，留学生们总是主动在钉钉群中为志愿者老师送去“鲜花”和“爱心”，留言“这次的上课体验、视频，所有的一切都很可爱，值得纪念！谢谢老师！”除了对志愿者授课表达感谢之外，留学生们纷纷表示出对中华文化的喜爱和对后续课程的期待。“希望日后可以开设功夫进阶版，因为我们真的折服于中国功夫背后的精神！”“能够线下上课就更好啦！”“我们不仅学习了中文，更深深地体会到了中华文化的魅力，希望能够多开展此类活动，让更多国际学生参与进来。”留学生朋友们的热情建议和包容成为实践团成员们不断前进的动力。

（三）调研报告：纸上得来终觉浅，绝知此事要躬行

为了今后更有成效地开展对外汉语志愿服务，实践团成员通过问卷调查以及线下采访等形式对参与本次活动的留学生进行调研，发现本次实践过程仍存在如下问题。

（1）调查显示，来华留学生普遍对中国传统文化有着较为浓厚的兴趣，但是大部分留学生了解与学习中国传统文化的途径却局限于书籍杂志、影视媒体等传统方式，结交中国好友、参与相关活动等途径相对较少。

（2）受疫情影响，实践团缺少与留学生线下交流的机会，教学成果不够显著。

（3）远程教学容易出现表达不完整、不准确的情况，部分留学生在经过小老师的解答之后仍存在对问题一知半解的情况。

（4）留学生们参与线上课程的积极性不够，出现迟到早退、忘记上课时间等问题。

针对以上问题,"世界同心,语你同行"对外汉语志愿服务团队积极商讨,力求找到解决这些问题最合理的措施。在指导教师以及团队成员的共同努力下,本团队对实践过程中存在的问题提出了以下对策与建议。

(1)积极拓展留学生了解中国传统文化的相关途径,如定期开展留学生走进中国传统文化的活动,使留学生能够接触更多中国文化,了解其背后蕴含的深厚文化底蕴和独特魅力,为中国传统文化走向世界添砖加瓦。

(2)发放课程满意度问卷。这些数据能较好反应课程效果,为接下来的课程积累经验与教训;开始线上打卡任务,如每天布置一句简单的中文或是一个简单的问题,让留学生上传视频作业,并对优秀作业予以表扬。

(3)鼓励大家打开摄像头面对面交流,提高互动性。几乎所有同学都在面对面的交流中,大大提高了互动的乐趣和上课的效率。

(4)积极帮助,鼓励为主。授课的留学生大多为2019级的大一学生,汉语基础较为薄弱,因此授课内容相对较为简单,且几乎为全英文教学,帮助留学生更好地理解课堂内容,在相关汉语词汇教学中采用一对一纠音等方法帮助留学生更好地掌握知识点,把线下体验活动记录视频引入授课内容,引发其上课兴趣。此外,实践团队还鼓励留学生对其所熟知的中国传统文化进行分享。

(四)文化传扬:成果共享,合作共赢

"世界同心,语你同行"对外汉语志愿服务受到了毛里求斯孔子学院师生以及相关留学生的一致好评,毛里求斯孔子学院表达了长期合作意向,已经在商谈后期服务内容。外国语学院也已经将"世界同心,语你同行"对外汉语志愿服务项目纳入学院重点项目,并将继续投入相关的人力、物力等资源,让更多的留学生可以亲自体验中国传统文化活动,并从中了解其精髓。

(五)实践感悟:奋斗所在处,青春恰自来

(1)为战"疫"贡献力量。疫情的来势汹汹使所有人都猝不及防,在党中央的正确领导、社会各界的共同努力下,我们的祖国已经迎来了在疫情肆虐的土地上破土而出的春天。为留学生们讲述中国传统文化,为他们送去温暖与祝福,让他们感受到自己

不是一个人在战斗，在远在数千公里外的中国，有人一直在默默为他们加油！而这，对我们志愿者来说也是久违的满足与心灵的洗涤。

(2)传统文化新认识。在撰写策划、积极备课的过程中，我们遵循着习近平总书记对我们的教导"讲好中国故事，传播中国声音"，我们力争将中国传统文化最有魅力与特色的一面展现给留学生，通过喜闻乐见的形式，使留学生领略到中华文化的博大精深，从而增强了我国的文化自信，为我国在文化交流方面增光添彩。这一天天的努力，每分每秒的专注与付出，都使我们对中华传统文化有了更为深入的了解，增进了我们对传统文化的喜爱。

(3)探索学习新技能。在实践过程中，我们也有了许多第一次，第一次撰写教案，第一次制作推文，第一次剪辑视频……若没有这次活动，我们很少有机会去做这些事情，本次社会实践无疑提升了我们的综合实践能力，为我们日后步入社会、踏上工作岗位奠定了坚实的基础。

(4)交流认识新伙伴。在本次"世界同心，语你同行"对外汉语志愿服务活动中，来自不同国家、不同学院、不同专业的小伙伴们一起为"传播中国声音"发光发热，一起为中国文化立于世界文化之林献出绵薄之力！这次活动使我们迈向了更大的平台，与留学生共赏中国传统文化，结交了国际友人，与他们交流的过程也是锻炼我们外语水平的一次良机，使我们在实践中学习，在学习中进步！

四、媒体报道

参与本次实践的志愿者们深有体会，"我们作为青年大学生不仅要做好'讲述者'，讲好中国传统文化的故事，也要作为'传播者'，担负时代使命，推动中国文化走向世界"。本次实践活动获得了包括学习强国、腾讯网等主流媒体的专题报道，在国家汉办官网、天目新闻等多家媒体平台以及抖音等自媒体平台上也获得了广泛关注。累计新闻报道 4 篇，推送 10 篇，视频发布 20 余个。

报告人：浙江理工大学朱秋悦、于力帆、丘湄湄等

指导教师：岑俊静、陶丽婷

∵ 社会调查类

关于浙江省农村养老服务问题的探究

——浙江理工大学对杭州盈康养老院、乐悠颐养院的调查

基于中央对“三农”工作的要求，本课题组对杭州盈康养老院、乐悠颐养院开展实地调查，以农村养老服务问题为切入点，对浙江省农村养老模式及政策支持、浙江省农村养老优势、面临的问题作了探讨。本调研报告给出了三种养老模式、一种养老保险制度政策支持的实施基础，并就环境、农耕文化及人才优势作出浙江省农村养老优势分析。在实地调研的基础上，分析了关于基础设施、农村老人养老理念、融资建设等存在的问题并给予了相应的对策建议。

一、调查背景

2019 年中央一号文件《中共中央国务院关于坚持农业农村优先发展做好“三农”工作的若干意见》指出要想做好“三农”工作，应当扎实推进乡村建设，加快补齐农村人居环境和公共服务短板。其中，农村养老服务被纳入农村公共服务中。文件中还针对农村养老问题进行详细说明：应当完善城乡居民基本养老保险待遇确定和基础养老金正常调整机制；完善农村留守儿童和妇女、老年人关爱服务体系，支持多层次农村养老事业发展。

中国社科院人口与劳动经济研究所和社会科学文献出版社共同发布的第 19 期《人口与劳动绿皮书》预测，我国人口将在 2029 年达到峰值 14.42 亿，从 2030 年开始将进入持续的负增长，至 2050 年减少到 13.64 亿，2065 年减少到 12.48 亿，即缩减到 1996 年的规模。由于我国总和生育率长期维持在 1.6 左右，进入 21 世纪以来，劳动年龄人口加速减少，老年人口加速增长，人口抚养比持续提高。早在 2000 年，中国社会就已经进入了传统意义上的“老龄化社会”。当前，我国深度老龄化趋势正日益加剧。对于我国这样一个发展中的人口大国来说，庞大和快速增长的老年人口规模，迅猛发展的新型城镇化、工业化与经济社会转型以及“敬老尊老”的文化传统等因

素，不同程度地放大了人口老龄化对经济、社会和文化发展的影响，使得我国应对人口老龄化挑战的任务更加艰巨。我们应构建更加积极的“老龄观”，以此为核心，积极治理而非消极应对人口老龄化。鉴于城乡发展不平衡的情况，城市的养老公共服务建设相对于农村来说更为完善，但农村的老人和城市的老人一样都渴求养老服务方面的供给。

浙江省从改革开放初期就高度重视农村发展，为增强农村活力，实行家庭联产承包责任制，并开始农村与城市互动发展。2003 年启动“千村示范、万村整治”工程；2004 年率先制定出台《浙江省统筹城乡发展推进城乡一体化纲要》；2010 年作出建设“美丽乡村”的战略部署，大力推进城市基础设施向农村延伸，城市公共服务向农村覆盖，着力推进城乡共同促进，农村的公共服务和基础设施基本实现全覆盖。然而在农村的公共服务建设中，由于农村地区仍然受着较为强烈的儒家“孝”文化传统的影响，对社区和机构养老的接受程度较低，农村养老问题非常容易被忽视。

党的十九大报告开启了新时代国家发展的新征程，也使得社会保障体系建设的目标更为明确。在经济社会迅速发展的过程中，我国人口老龄化趋势增强，农村养老作为社会养老的关键部分，对中国经济发展前景具有重大影响。农村养老关系着整个社会发展，其能够有效增强社会稳定性，同时提高社会文明水平。因此，完善农村养老服务供给的重要性不容小觑。

二、农村养老模式及浙江省政策支持

（一）当前农村主要的养老服务供给模式

当前农村主要的养老服务供给模式包括家庭养老、机构养老和社会化养老等。

1. 家庭养老

家庭养老是一种环环相扣的反馈模式。在经济供养上，家庭养老是代与代之间的经济转移，以家庭为载体，自然地实现保障功能，再自然地完成保障过程。

2.机构养老

机构养老是通过集中化的方式对养老人员提供专业的护理、住宿、医疗、照料等服务的一种养老方式。当前的农村养老机构一般分为两种:一种是公共养老机构,以公益或者是低收益的方式,为农村“五保”老人为主要养老对象提供养老福利性服务。另一种是私营养老机构,也就是老人需要缴纳一定的养老费用,以市场化的方式开展。由于大部分农村经济发展水平较城市低,农村居民养老观念的限制,农村私营养老机构较少。

3.社会化养老

社会化养老是对老年人的赡养方式由家庭向社会转化产生的结果。也就是说,政府通过增加劳动就业,提供收入保障、医疗保健和生活服务,甚至推动老年人社会参与和生存意义创造来完成养老供给。农村的社会化养老正处于探索阶段,表现为多种实践形式,社会化养老因为其灵活性、适切性,农户较为认可。但整体来讲,社会化养老还处于起步阶段并且力量相对薄弱。

(二)浙江省农村养老服务的政策支持:养老保险制度

养老保险,全称社会基本养老保险,是国家和社会根据一定的法律和法规,为解决劳动者在达到国家规定的解除劳动义务的劳动年龄界限,或因年老丧失劳动能力退出劳动岗位后的基本生活而建立的一种社会保险制度。养老保险的目的是保障老年人的基本生活需求,为其提供稳定可靠的生活来源。浙江农村养老保险缴费由个人缴费、集体补助、政府补贴构成。个人缴费标准分为每年100～500元5个档次,可自由选择;集体补助标准规定政府需对浙江农村养老保险缴费给予50%的补贴,补贴不得低于每人每年30元;个人缴费,集体补助,其他经济组织、社会公益组织、个人对参保人缴费的资助,地方政府对参保人的缴费补贴,全部都应记入个人账户。浙江省农村养老保险对于领取待遇标准也有规定。基础养老金待遇标准为每人每月55元,个人账户养老金待遇标准则按照个人账户全部储存额除以139发放。若参保人死亡,个人账户中的资金可依法继承。到目前为止,杭州市已实现农村养老保险全覆盖，杭州市内无社会保障的农村老人都能享受到补贴，市内农村老人均已享受农村养老保险待遇。台州市内椒江残疾人养老保险已实现全覆盖，只要是台州市户籍，年满16周岁，未参加职工基本养老保险和其他养老保险的城乡非低保三四级困难残疾人，可统一领取补贴，补贴标准为每人每年100元。

三、浙江省农村养老优势

（一）环境优势

浙江省四季分明，气温适宜，光照较多，雨量丰沛，空气湿润，人居环境优良。浙江省生态环境厅通报了2018年全省环境空气质量情况，浙江11个设区城市日空气质量优良天数比例平均为85.3％；PM2.5平均浓度下降12.8％；6项指标全部达到国家二级标准；5个城市进入生态环境部通报的169个重点城市空气质量排名前20位，入围数量居全国第一。浙江省农村空气大多较城市更为清新，水库直接引水较为常见，水质优良，农村人口少，环境静谧舒适，适合老年人居住。浙江省人民政府印发的《浙江省高水平推进农村人居环境提升三年行动方案（2018—2020年）》指出，系统提升农村生态环境保护，推进村庄绿化建设，打造生态田园环境。这些措施将极大提升老年人的居住环境。

（二）农耕文化优势

浙江省多为丘陵地带，农业基础良好，农田较多，自种有机产品供给足够，适合大棚种植，蔬果品种丰富。浙江省农村养老适合在传统养老的基础上加入农耕元素。将农田、农耕、绿色农作物等结合创造农耕文化，而由此建设可得的绿色养生餐则可成为老年人食疗康体的关键。无污染的自种食材是生活安全的保障，加入药用药膳对机体的调养，是养生＋养老的进一步保障，浙江省农村食品可由吃得安全上升到吃得健康的高级层面，农耕文化的发展条件将成为农村老年人饮食供给的一大优势。

(三)人才优势

时任浙江省人社厅人才处处长陈荣华表示,浙江发展首先得益于人力资源开发得好、人才使用得好,这是浙江发展最大的优势和红利。近几年来,浙江省有大批人才投身于美丽乡村建设,实现了传统农业发展与现代企业经营理念的融合,创造了多种乡村振兴的新模式、新经验、新典型。浙江省出台了《全面实施乡村振兴战略高水平推进农业农村现代化行动计划(2018—2022年)》,明确实施乡村人才振兴。人才下乡,实现了乡村的特色农业、旅游业,这些特色产业的发展为老年人提供了生活、娱乐好去处,乡村人才引进带动社会养老服务的先进性,浙江省存在这一优势。

四、浙江省农村养老服务面临的主要问题

(一)基础设施不足,服务不健全

2017年初,浙江省关停173家农村敬老院,这类敬老院或是因为建筑设计不符合消防规范且无法整改,或是因为规模较小、存在消防安全隐患而被关停。其他要求整改的560家农村敬老院,主要是没有安装喷淋设施、未建设蓄水池及消防通道等,或存在电线老化、安装不规范等现象。部分农村敬老院消防设施不达标也是历史遗留问题。早前养老院的建立主要是通过盘活闲置资产,利用规划布局调整后的学校、乡镇机关办公楼、供销社等,进行适当修缮建设而成。随着时间的推移,这些敬老院基础设施先天不足的问题便暴露无遗。老年活动中心、老年健身器材、老年阅览室等老年人的活动形式单一,老年服务设施要么数量过少,要么建设空间不够大,无法为老年人提供良好的娱乐活动场所,文化娱乐资源匮乏,老年人只能通过散步、麻将等形式消遣时光。

(二)医养结合尚在起步阶段

随着人口老龄化的加重,养老服务问题日渐受到人们的关注。相比城市养老机

构，农村敬老院不仅基础设施差，服务质量也不高，特别是医疗服务不足，专业护理人员匮乏。医养结合，成为农村养老服务的痛点。不少农村养老院离基础卫生院较远，遇到突发身体状况，工作人员无法合理应对，医疗卫生和养老服务难以做到有机结合，乡镇卫生机构没有建立相应的机制定期派医护人员上门为养老院老人提供各类医疗服务。

（三）农村老人对养老院养老认可度不高

不少农村老人从未听说过农村社区养老模式，也不知道村里有相关养老机构，养老意识淡薄，他们认为去养老院会给子女带来负担抑或是给家里抹黑，因此抗拒去养老院。若在农村养老方面的需求不足，则很难在供给侧进行进一步的发展，难以优化养老院的建设。

（四）融资渠道不畅

一些优惠扶持政策相对来说更倾斜于国办养老机构，民办养老机构在一定程度上缺乏竞争力和生命力。同时，按照现行有关规定，目前我国民办养老机构一般只能在民政部门登记为"民办非企业单位"才能享受有关政策优惠。登记为民办非企业的单位，虽然可以享受免税等优惠政策，但却难以融资，不能获得商业贷款。由于资金投入不足，民办养老服务机构难以发展壮大。

五、实地调研

（一）探访杭州盈康养老服务中心

杭州盈康养老服务中心位于下沙街道下沙社区，是由下沙社区经联社举办的民办非营利性养老机构，建立于 2015 年。经过几年来的磨合，这家养老服务中心也越来越成熟。由于养老服务中心具有福利性质，所以它的收费也是惠利于老人的，包吃住的单人间价格为1500元/(月·间)，双人间价格为2000元/(月·间)。我们在高沙路北苑大厦东区探访了这家养老服务中心。我们注意到，大楼的一楼设置了监控室，这样有利于保护老人的身心以及财产安全，同时也便于对突发事件及时进行了解。一楼还有电梯以及消防安全标志的设置，对于老人安全以及生活便利问题考虑得十分周到。负责人向我们介绍，只要是达到国家法定退休年龄，身体健康，生活能自理的老人都可以入住这家养老中心。大楼的基础设施非常完善：三楼有多媒体室、书画室、电子阅览室及会议室；四楼有棋牌室、健身房；五楼用于老人的身体检查、身体护理；六楼至十四楼就是老人住的公寓。公寓的布置大多按照小套房格局来，从家庭温馨感出发，配套设施齐全的同时使房间向家的感觉靠拢，老人住起来更加舒适、更加温暖。负责人表示，现在养老院都强调居家养老模式，即老人们白天来养老院进行文娱活动，到了晚上可以回自己的家里休息，也就是越来越偏向于社区活动中心的模式，但实际上，现在还很难做到。我们采访了几位老人，其中一位老人表示这家养老服务中心是下沙唯一配有单人间的养老院，这点他非常满意。该老人已经在这里住了一年半，这里的服务一直都非常到位，并且可以在闲暇时候和朋友们聊聊天、喝喝茶，日子过得十分惬意，他表示很喜欢这里的环境。可以看得出，在经济较发达的下沙社区，这家盈康养老服务中心做得还是挺好的。

(二)探访临安区乐悠颐养院

实践团前往临安区乐悠颐养院进行了实地调查，对这家颐养院的客观条件进行了调查总结。

1.居住环境

此颐养院位于临安区天目山风景区附近的一个村庄内，空气质量好，视野开阔。颐养院大堂为中式装修风格，墙面上有温馨的照片布置。老人的房间有朝南及朝北的，朝南的房间数稍多。房间内部采用类似酒店式的设计，一卫二床一阳台，采光、通风均良好。房间以淡粉色墙纸为装饰，搭配与之呼应的粉色床单，房间气氛活泼轻松。

2.基础设施

此颐养院为三层长幢式，由围墙和铁门包围，院内基础设施尚完备。大门采取了自动感应设计，且门前采用坡式路面，方便轮椅使用。庭院内、屋内过道处、厨房均有实时监控、消防系统和安全出口通道，厨房配备餐具消毒柜。每个房间均有空调、电视，还设置了独立的棋牌室。上楼阶梯两侧均有扶手，但阶梯级数较多，对于部分老人来说上下楼比较费力，楼内亟待安装升降梯。

3.管理体系

该颐养院设有一名院长和两名服务人员，若到了夏季入住人数较多时，还会从附近招一些临时工来帮忙。白天老人们可自由进出颐养院，晚上 7 点院长会关闭铁门，老人不得外出，同时还会不定期点名。房间内日常用品为一客一换，专人负责清洗晾晒，且服务人员每周会清扫每个房间，在卫生方面有较高保障。在饮食上，老人们采用分盘制，且每日设有专人采购菜品和水果，若老人有想吃的菜品和水果，均可提出。

4.存在的问题

该颐养院也存在着以下问题。

(1)娱乐活动不够丰富。颐养院供老年人休闲娱乐的活动不够丰富，表现为活动室的缺乏，集体性活动组织少。养老院内只有一间棋牌室和进门的客厅，无其他供居住在其中的老人进行室内活动的公共场所。仅有一部分老人会选择自己前往附近的村老年活动室中游玩。一位独居在此的老人称，她住在这里确实会感到孤独无奈，平时的活动只是看看电视，或是与房东几人搓搓麻将。

(2)缺乏较为完善的医疗配套设施和服务。在颐养院内，配有常规的体检设备和日常用药，能够应付一些小疾病。但院内缺少专业性较强的医生，且与市内较好的医院缺少对接，以致遇到紧急发生的疾病或意外状况时，缺少完备的应急措施。颐养院尚未形成一套完整的健康管理体系，对于老人的各次检查情况也并没有详细的记录和完整的档案，即当前仍存在着许多随意性与不确定性。

(3)未设置较全面的安全保障设施。颐养院未配备电梯，但安装电梯在计划之中。没有电梯老人上下楼行走不便。走廊、房间等均无夜灯设置，且灯不为声控灯，老人夜间开灯存在不便。卫生间无防滑垫、紧急呼叫按钮等设置，老人在卫生间发生意外时可能无法第一时间得到救助。大门外为推轮椅提供方便的斜坡未固定，存在安全隐患。

六、关于浙江省农村养老服务的对策建议

(一)改进基础设施建设，丰富老年人活动

完善基础设施，在消防、用电安全、医疗等方面做到全面保障，在公共场所设置显眼的"安全出口"绿色灯牌及应急通道，设置应急灯。完善医疗保健体系，提高养老机构提供基本医疗服务的能力，养老机构需配备至少一名常驻医生，以及专门的医疗室，配备常用的药品。同时需对养老机构的老人进行定期的基础身体检查。与当地的卫生所及当地等级医院进行对接，开通绿色转诊通道。尽可能地利用农村空地，为老人建设活动场所，购买健身器材，扩建老年人阅览室，适当提供棋牌室等娱乐场所，为老人定期组织唱歌、跳舞、戏曲观赏等活动。增加趣味活动课程，培养老年人的年轻心态。

(二)立体化宣传农村机构养老理念，逐步改变老年人传统观念

向老年人普及机构养老的优势，人们采取养老院养老的普遍性、先进性，以及对子女养老意识的正能量宣传，消除老年人的顾虑。除了政府宣传外，青年组织、新闻媒体、社会工作者等都可以发挥资源优势。政府进行文件引导，新闻媒体加大宣传，社区工作者、志愿者则进家门宣传。应避免农村地区的实施停留在政府文件层面，而无后续宣传工作的行为。将机构养老观念深入农村老人之心，需要全社会多方位的努力。

(三)全社会加大资金投入,提高养老服务水平

政府应将资金支持多转向于农村地区,使农村地区同城市地区平衡、协调发展,浙江民营资本发达,从社会责任和投资角度来看,民营资本的投入能够极大地提高农村养老服务水平。加快居家养老队伍建设,服务人员(包括临时工)必须经过岗前培训,临时工的信息要正规化,正式工的信息需要录入档案,建立合理的职工规章制度。在地方相关院校开展养老服务方面的专业化培训,医疗机构开展定点农村医疗服务,向乡镇卫生院定期引进高水平医生坐诊,会诊农村老年病人。养老机构可以与高校合作开展大学生社会实践或者招募青年志愿者,让年轻人来教老人一些科学知识。社会志愿服务机构发布关于养老机构、社区卫生院、老年活动中心的定点定时志愿活动,发动全社会力量来从事关于农村养老服务的建设。

(四)坚持人才引进,服务社会更服务家庭

发挥浙江省人才优势,鼓励青年回乡创业,在养老服务创业中给予补贴政策,坚持引进人才,在农村养老服务体系构建、落实上发挥人才优势,结合"互联网+"等推行农村养老服务建设,为养老服务带来更多便利。人才返乡不仅是社会的需要,更是家庭的需要。养老不仅是使老年人生理健康需要得到满足,更需家人的精神慰藉。年轻人回乡创业既推动了农村养老服务产业的发展,也尽到了照顾老人的家庭责任。

报告人:浙江理工大学江艺奔、毕和玲

指导教师:黄河

∵ 公益活动类

“与爱同行，爱心助残”

——浙江理工大学大学生手语志愿服务社暑期社会实践团活动总结

一、活动背景

当前，我国残疾人事业取得了举世瞩目的成就，残疾人的生存发展状况得到明显改善。但是，残疾人的发展状况与社会平均水平相比还存在较大差距，相当一部分残疾人的生活还十分困难。因此，采取有力措施补短板、兜住底，保证残疾人与健全人一道迈向全面小康社会是各级政府的重要职责。认真组织开展好全国助残日活动，对于在全社会大力弘扬人道主义思想，形成扶残助残的良好社会风尚具有重要意义。

在全国助残日，助残志愿服务也掀起热潮，关注残疾人、帮助残疾人、服务残疾人已是社会志愿服务热点。浙江理工大学大学生手语志愿服务社自办社以来，以“学习推广手语，帮助服务残疾人”为宗旨展开志愿服务，此次社会实践活动以残疾人为主要志愿服务对象。

二、活动意义

关爱孤寡视障老人志愿服务使得这些被陪伴的残疾人士不再孤独，生活不再枯燥难熬，添了欢声笑语。

关注残疾孩童教育志愿服务减轻了残疾孩童家长的负担，让缺少朋友的残疾孩子得到来自志愿者的关怀，使他们的童年更加美好，也让志愿者体会到关注、关爱残疾孩童成长的重要性。

三、团队介绍

浙江理工大学大学生手语志愿服务社成立于1999年7月，是全国第一家大学生手语社，现为浙江省十佳社团、校五星级社团。自成立以来，社团始终秉持“学习手语，推广手语，帮助残疾人，服务残疾人”的宗旨，致力于对残疾人的关爱和服务工作。经过20余年的积累和沉淀，形成了浙江省大学生手语爱心会演、助残服务月等多项大型系列助残公益服务活动，开辟了手语培训、与残疾儿童结对等一批具有社会影响力的品牌项目。

手语志愿服务社始终坚持开展手语教学，不断参加志愿服务，曾获“2013年度浙江省优秀学生社团”“浙江省优秀大学生手语社团”等荣誉称号，社团的“助残志愿服务”项目入选共青团中央青年志愿者助残“阳光行动”首批百个示范项目。

本次社会实践活动开展了4个项目，总历时7天，共13人参加。共有5个子活动，包括关注残疾孩童教育、下沙工疗站志愿服务、关爱自闭症儿童、参加杭州残疾人托管中心文艺会演和参加杭州市上城区残疾人摄影培训班。

四、活动简况

(一)系列活动一:“诚心相伴,不复孤独”——杭州下沙工疗站志愿服务

1.活动时间

2017年7月3—7日，7月10—11日。

2.活动目的

本次活动主要针对精神、智力残疾的中老年人进行志愿服务，关怀、关爱残障老年人的日常生活。

3. 活动地点

浙江省杭州市江干区下沙工疗站。

4. 人员配备

6～10 名志愿者。

5. 活动内容

(1)帮助工疗站老人做手工，陪工疗站老人聊天、唱歌、打牌等，并在工疗站打扫卫生等。

(2)注意事项：①工疗站的老人多为精神、智力残疾者，若在服务期间老人做出一些非常规动作，希望志愿者能给予理解及关爱，不可产生厌恶等负面情绪，保证服务质量；②工疗站内配备 KTV 房间，志愿者在陪老人唱歌时应注意不要损坏房间中的设备，合理使用；③在与老人交流过程中，要注意聊天的语气、技巧等，尽量使老人开心，要真心地关爱、关心他们；④服务过程中若出现无法解决的问题，要及时联系活动负责人，由活动负责人与工疗站负责人协商处理。

6. 活动过程

在杭州仁爱家园下沙街道工疗站，有一群可爱的人们，他们虽身患不同程度、不同方面的疾病，却身残志坚，在下沙工疗站通过各种劳动与活动，来实现自身的社会价值。暑期社会实践小分队的成员们按照之前的约定，来到工疗站，与他们开展为期一周的学习体验交流活动。

初到工疗站的第一天，志愿者们便感受到了工疗站工作人员的热情。上午的活动虽然简单但是充满了乐趣，大家和工疗站的叔叔阿姨们一起打牌、唱歌，玩得很愉快。叔叔阿姨们的脸上洋溢着开心的笑容，看到他们这么开心，志愿者们也更加投入。而另一边，几位阿姨一起唱着经典的歌曲，大家都随性配合着，仿佛看到了她们年轻时的模样。唱歌时，阿姨们还会情不自禁地跳起舞来，即使是简单的舞步，却丝毫不挡她们的韵律，也许这是怀念青春的力量吧。原来，这样简单的活动也可以这样美好，能够将志愿者们和叔叔阿姨们之间的距离拉得那么近。

午休后，几位志愿者陪同叔叔阿姨们一起下象棋，在志愿者的指导下，双方你来我往，局势变得更加激烈。不知不觉中到了该离开的时候了，志愿者们拍完合照之后就下了楼。下楼前叔叔阿姨们热情地询问大家明天是否还会再来，令大家不禁有些感动，短暂的陪伴也留下了足够深厚的感情。有了第一天稳固的基础，相信明天的相处会变得更加融洽。

之后的活动中，我们也安排了有趣的互动项目。“以花为伴，笑自灿烂”——折花活动。散落的纸质花瓣，加上叔叔阿姨们的耐心与热情，变成了一朵朵精美的玫瑰花、蝴蝶花。现场整个活动过程中充满了叔叔阿姨们的欢声笑语，虽然制作时偶尔会遇到一点小困难，但是在大家的一同帮助下，最后都圆满解决了。每位叔叔阿姨都有不同的想法，因此在他们的双手劳作下，一片片花瓣被粘牢固定，形成的是属于他们自己独一无二的作品，它们看起来也许不够精致，却富有生气，蕴含着叔叔阿姨们对纸花的赞美与成功的喜悦。

“天马行空，手塑创想”——创意橡皮泥活动。我们分成两大组，每组都有足够多的橡皮泥，所要做的就是将自己所想的创意，通过自己的手塑造出来。没过多久，便有一件又一件精美的作品呈现在眼前。虽然大家看到自己塑造出来的造型与所想的造型有所偏差，但终归是愉快的。

(二)系列活动二：“结对相帮，形影不离”——关注残疾孩童教育

1.活动时间

2017年7月6—12日。

2.活动目的

2017年，手语志愿服务社坚持“结对同行，志愿互助”的儿童结对志愿服务项目，此次活动通过与杭州市上城区、开发区等共建基地，以结对互助的形式，深入了解残疾人朋友。发挥大学生的专业特长，走进残疾儿童家庭，在生活、心理、学习等各方面帮助他们。今年作为活动的第四期，志愿者们带残疾儿童进行短程散步，聊天谈心，走进残疾孩童的内心世界，了解他们的需求，为今后社团在残疾孩童方面有效开展志

愿活动打下坚实的基础。

3.活动地点

结对孩童住所、博物馆、西湖景区、浙江理工大学。

4.人员配置

10 名志愿者。

5.活动内容

(1)根据每个残疾孩童的学习情况和作业情况,对他们进行一对一辅导。

(2)为残疾孩童进行简单的日常手语教学,并编排手语舞鼓励他们学习手语。

(3)安排有特长的志愿者,结合孩子们的兴趣,为孩子们提供编制手工艺品、绘画、书法、摄影、乐器等方面的兴趣爱好培训内容。

6.活动过程

自 2012 年 6 月起,在杭州市上城区残疾人联合会的支持与指导下,手语志愿服务社与多名残疾儿童建立一对一爱心结对关系,在学习、生活上为结对儿童提供长期的帮助,并不时邀请孩子们参加手语助残活动。几年时间里,尽管新老交替,前辈们不再参与社团内部工作,新的结对志愿者们接过了交接棒,助残理念在传递!

2017 年是结对的第 6 年,通过结对儿童家长的介绍,手语志愿服务社的结对儿童对象有所增加,达到十余人。暑期,手语志愿服务社在彼此信任的情况下,到结对孩童的家中陪伴他们,与他们玩耍,辅导他们完成作业,并且带他们到浙江理工大学校园里来,让他们接触不一样的环境。

社会实践活动第一天,手语志愿服务社"天使之翼"小分队就来到景致公寓社区拜访林小朋友,受到了小朋友及其奶奶的欢迎。刚开始,小朋友把自己的积木拿出来,志愿者们按照说明书上的形状教她搭积木。小朋友很乖巧,学得非常认真,自己也有特别的想法,虽然中间出了一点小差错,但最后还是完成了,小朋友特别高兴地将最后的成品拿去给奶奶看。

志愿者们还来到建国南苑社区拜访陈同学,受到了陈同学和他妈妈的热烈欢迎。

陈同学有听力障碍，虽然戴着助听器，但人很开朗。志愿者们刚到，他便招呼大家坐下，然后给大家倒水，还拿出了他近期画的漫画给大家看，让大家欣赏和评价。除此之外，陈同学和志愿者们还玩了你来比画我来猜、二十四点等游戏。陈妈妈告诉志愿者，陈同学只有戴了助听器的那只耳朵才听得到声音。助听器需要时常更换电池、充电等，一不注意电池没电了，陈同学的整个世界就都安静了。她还说，陈同学很孤独，因为跟同龄孩子不同被排挤、孤立，所以志愿者们去看他、陪他聊天，他会很开心。忽略助听器，陈同学其实跟其他人没有什么不同，反而做得比很多人都好。对于别人异样的目光，以及同龄人的排挤、孤立，陈同学能做到现在这么乐观已是非常不错。

五、结语

浙江理工大学手语志愿服务社将继续以爱心助残之名关注需要帮助的人们，逐步建立专业性更强的志愿者服务体系，为他们带去所需要的、有实际效果的帮助。“结对相帮，形影不离”爱心结对活动，重在坚持，重在积累，重在点滴。

报告人：浙江理工大学钱海慧等

指导教师：尹小虎

参考文献

[1]曹勇.当代大学生社会实践的理论探索与实践创新[M].重庆:重庆大学出版社,2015.

[2]陈新亮.中国大学生志愿者行动研究[M].长沙:湖南人民出版社,2015.

[3]冯艾,范冰.大学生社会实践导读[M].北京:社会科学文献出版社,2005.

[4]胡树祥,吴满意.关于大学生社会实践活动内涵的新界定[J].中国高等教育,2009(2):42-44.

[5]胡树祥,吴满意,等.大学生社会实践教育理论与方法[M].北京:人民出版社,2010.

[6]李长松.大学生社会实践创新研究[D].重庆:西南大学,2006.

[7]刘同国.大学生社会实践活动状况与发展研究[D].济南:山东师范大学,2010.

[8]刘煜.大学生社会实践导论[M].杭州:浙江大学出版社,2017.

[9]倪福全,邓玉,周曼.大学生社会实践教程[M].2版.北京:中国水利水电出版社,2016.

[10]潘玫杏,初世红,沈一桥.大学生社会实践内涵研究的新视角[J].中国校外教育,2012(2):11.

[11]覃干超.大学生社会实践研究[M].桂林:广西师范大学出版社,2005.

[12]邱伟光.大学生社会实践教育新论[M].上海:同济大学出版社,1994.

[13]邱懿,任园,卢洁州.大学生社会实践——理论探索与典型经验[M].上海:上海交通大学出版社,2014.

[14]阮俊华.知行合一·实践报国:大学生从社会实践走向成功[M].杭州:浙江大学

出版社,2009.

[15]王革.新时期高校大学生社会实践概论[M].杨凌:西北农林科技大学出版社,2008.

[16]肖香龙.发现的魅力:思想政治理论课实践教学优秀成果撷英[M].北京:红旗出版社,2019.

[17]张国栋.大学生社会实践探索[M].沈阳:辽宁大学出版社,2009.

附录1：

浙江省“双百双进”社会实践活动相关报道

2016年

2017年

2018年

2019年

附录 2：

大学生社会实践相关文件汇编

高校思想政治工作质量
提升工程实施纲要

关于进一步加强和改进大学生
思想政治教育的意见

关于加强和改进新形势下
高校思想政治工作的意见

关于加强和改进新形势下高校
共青团思想政治工作的意见

关于进一步加强高校实践
育人工作的若干意见

关于进一步加强和改进大学生
社会实践的意见

附录 3:

浙江理工大学社会实践基地介绍

浙江理工大学社会实践基地介绍